공

허

한

거

리

공허한 거리

이택민

츠프스

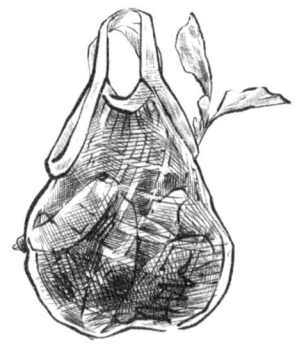

한 거리

오이나 가지를 묶어 세는 단위로 50개를 한 거리라고 한다.

묵직한 공허 한 거리를 들고 공허한 거릴 정처 없이 거닌다.

책을 펴내며

우리는 공허를 채우며 나아간다

수평으로 거리를 훑는 사람들은 대개 손가락으로 시간을 수직으로 긁어내기 바빴다. 비어있는 것을 보면 그의 전생을 떠올려본다. 저것은 본래 비어 있던 것인가, 채워져 있다 비어 버린 것인가. 빈 마음을 헤아리다 보면 결국 비어있는 나를 발견하게 된다.

오이나 가지를 한 움큼, 아니 한 개 사기도 버거운 시대에 그것을 50개, 한 거리나 들고 다닌다는 건 어쩌면 사치에 가깝다. 공허 또한 비슷하지 않을까. 채워내는 것이 삶의 목표가 되어버린 세상 속에서 공허는 남들과 다르게 뒤처지는 행위로 전락해 버렸고, 비움은 고급 취미가 되었다. 그런 식으로 공허는 더욱 공허해졌다. 우리는 안락한 의자에 앉아 책 표지 사진을 찍거나, 너른 수영장 사진을 SNS에 업로드하는 것을 휴식으로 여기며, 고요는 일종의 의식처럼, 반복되는 일상에 공허라는 사념을 구태여 덧붙이는 방식으로 삶을 채워냈다.

이 책은 서른이 되어가는 과정을 그려낸 《불안 한 톳》을 펴낸 이후로 1년간 적은 메모들로부터 탄생했다. 한 거리라는 컨셉으로 50개의 글을 추려내고 윤문하는 과정에서 제목에 어떤 단어를 적어내야 할지 고민했다. 사색, 고독, 방황…. 그 어떤 명사도 어울리지 않았다. 거리 앞에는 오직 공허만이 올 수 있었다. 내가 보낸 한 해는 어느 해보다 허했고, 빈 마음을 달래기 위해 자주 술을 마시고 빈번히 글을 썼다.

나는 나를 해소하기 위해 글을 쓴다. 이게 아니었다면 나는 지금보다 더 많은 술을 마셨을 것이고, 지금보다 더 많은 짜증을 냈을 것이다. 지금보다 더 적게 달렸을 것이고, 지금보다 더 적게 눈물 흘렸을 것이다. 글이 아니었다면, 책이 아니었다면 난 지금보다 훨씬 더 피폐해졌을 것임이 틀림없다. 그러니까 나는 지금, 나 자신을 해소하면서 세상을 향해 누구보다 큰 목소리로 항명하고 있는 것이다.

오이나 가지는 호불호가 갈리는 채소다. 가지의 식감을 싫어하는 이들에게 나의 한 거리가 가지 멘보샤처럼 새로운 맛의 지평선을 열어줬으면 좋겠다. 오이 향을 싫어하는 그들에게 나의 한 거리가 오이소박이처럼 아삭하고, 산 정상에서 맛보는 오이처럼 삶의 갈증을 해갈해 주는 맛있는 한 줄기가 되길 바란다.

우리는 공허를 채우며 나아간다. 이 글을 읽고 있는 당신이 책의 마지막 장을 덮었을 때, 본인의 공허를 마주하기 위해 미뤄둔 산책을 나설 마음이 생긴다면 그 이상 바랄 것이 없을 것만 같다.

2023년 겨울

이택민 올림

어느 날 친구가 말했다. 글이 써지지 않으면 쓰지 말라고. 쓰고 싶어질 때까지, 쓰고 싶어 안달이 날 때까지 펜을 쥐지 말라고.

스스로가 비참해질 때, 거울에 비친 내 모습이 추악스러울 때 무언가를 끼적인다.

걱정은 항상 생각을 앞서간다. 그로 인해 나는 앞서가는 것만이 옳다고 생각하지 않게 되었다.

검은 방 안으로 검은 모기가 날아다닌다. 젊은 날엔 젊음을 모르고 사랑할 땐 사랑이 보이지 않는다는 노랫말이 떠올랐다. 구멍 뚫린 가슴으론 감히 품을 수 없는 마음이 있었다.

첫입이 가장 맛있다. 첫술에 배부를 수 없다. 처음이 주는 황홀에 너무 깊게 빠지지 말 것.

두 손이 자유로워지기 위해 셔츠 가슴팍 포켓에 스마트폰을 넣었다. 몸 하나 자유로워지기 위해선 무엇을 가슴께 깊숙이 넣어둬야 할까.

걱정으로 삶이 나아지지 않는다. 행동으로 삶이 바뀔 뿐이다.

실패로 삶이 망가지지 않는다. 성공으로 삶이 나아지지 않듯이.

희망(希望). 바랄 희에 바랄 망. 얼마나 바라고 바라야 희망이란 단어를 만들어 낼 수 있었을까.

안녕(安寧). 편안 안에 편안할 녕. 우리는 안녕을 말하면서도 진정 상대의 편안을 바라고 있었을까.

외로움의 반대말은 그리움. 그리워할 대상조차 없다는 건 얼마나 적막한 상태일까.

미워해야 사랑하는 것을 더 알 수 있다고 한다. 내가 나를 미워하고 있는 건 어쩌면 나를 더 사랑하고 싶어서 인지도 모른다.

한 개

 포도 봉봉 캔을 마시다 보면 마지막 포도 한 알이 꼭 나오질 않는다. 날카로운 알루미늄 입구 속으로 혀끝을 욱여넣어 보지만 시큼한 감각만 느껴질 뿐, 마지막 한 알을 도저히 빼낼 수 없다. 캔을 뒤집어 흔들어 보아도, 손바닥으로 툭툭 쳐 보아도 끝끝내 나오지 않는 마지막 포도 한 알. 밖으로 나오지 못하는 것들은 어떻게 안으로 들어갔을까. 멀어지려 해도 멀어지지 못하는 것들은 어떻게 가까워졌을까. 입구에 걸려 나오지 못하는 알 하나. 목젖에 걸려 나오지 못하는 말 하나.

두 개

잠이 오지 않는다. 잠이 오지 않는 이유를 알지 못해 잠이 오지 않는다. 잠 못 이룬다. 잠 못 이루는 연유를 찾지 못해 잠 못 이룬다. 슬픔을 알지 못한 채 눈물 흘렸고, 기쁨을 모른 채 들떠했다. 떨어지는 꽃잎이, 가라앉는 약돌이 왜 아래로 향하는지 생각지 않았다. 해가 왜 저물고, 어째서 얼마 지나지 않아 다시 뜨는지, 달은 왜 낮에 희미하고 밤에 밝은지 고민하지 않았다.

세 개

　우리는 네모반듯한 건물에 질려 자고 일어난 머리처럼 산발인 산으로 향한다. 등성이가 반듯한 직선이었다면 풍경을 즐기지 않았을 것이다. 삶의 흐름이 반듯한 일직선이라면 우리의 하루는 행복했을까. 우린 꺾인 생을 바라지 않지만, 제각기 우여곡절을 겪으면서 살아간다. 지구에서 바다를 걷어내면 투박하게 굴러가는 럭비공에 불과하다. 모기가 굽이져 윙윙거리고 새들이 곡선을 그리며 날아간다. 하트는 두 갈고리의 만남이며 낙차 없는 롤러코스터를 상상하는 건 어려운 일이다. 두 다리는 언제나 꼬아져 있고 허리는 반듯한 일자보다 에스자가 정상이다. 휘어지고 구부러진 우리네 삶도 이렇게 만들어진 이유가 있을 것이다. 태초의 세상은 본래 굽이진 터전이었다.

네 개

　모자를 푹 눌러쓴 채 호숫가 벤치에 앉아있다. 추억을 회상하고 어제를 돌아보며 노래를 듣고 있다. 사랑이라 믿었던 것들이 잔잔하게 일렁였다. 하늘 위로 새는 무리 지어 날아가고 나는 여기 혼자 앉아있다. 낚싯대를 던져 놓고 멍하니 생을 바라보는 사람들. 미끼 물기를 기다리는 걸까. 다가오는 세월을 맞이하는 걸까. 무언가를 기다리거나 맞이한다는 건 저렇게 고요해야 했던 걸까. 안절부절못하고 소란스러운 마음이 부끄럽다. 조용히 찌를 바라보듯 상황을 건너다본다. 호수처럼 은은하게. 저들처럼 차분하게.

다섯 개

    3g의 가공물이 숙취를 책임진단다. 오늘의 나를 끝까지 지켜준단다. 오늘의 환(丸)이 내일의 환(患)을 감당한다. 몇십 알의 환이 어찌하여 밤새 들이켠 알코올을 막아낼 수 있을진 먹는 나로서도 의문이다. 푸른 봉투를 뜯어 손바닥으로 갈색 알갱이들을 털어낸다. 손가락 사이로 빠져나가지 않도록 손을 최대한 오므린다. 입안으로 대번에 털어 넣고 물을 삼킨다. 한바탕의 의식을 치른 나는 듬직한 후원자를 얻은 양, 의기양양 술잔을 부딪친다. 한 알 한 알마다 한 잔의 술을 집중 마크할 테지만, 시간이 지날수록 수적 열세에 허덕일 것이다. 가슴 한켠에 검은 돌멩이가 켜켜이 쌓여간다.

여섯 개

고독에도 만성이 있을까. 급성 고독이 반복되면 만성 고독이 될까. 장염도 만성이 있는데 고독이라고 못 할 게 있나 싶다. 고독에 익숙해질 수 있을까. 가슴 찢어질 듯한 이별의 아픔에도 웃음 짓는 날이 찾아오는 데 고독이라고 못 할 게 있나 싶다.

고독을 자주 언급하면 고독과 친해지는 기분이 들까. 고독이란 어째서 반말과 존대를 섞어 대하는 상대처럼 그 선을 아슬아슬하게 넘나드는 대상이 될까.

국경선을 밟지 않고 국경을 넘을 수 있는데 고독이라고 그 경계선을 넘지 못할까. 기쁨을 나누면 배가 되고 슬픔은 나누면 반이 된다고 하는데, 고독은 0처럼 남다른 숫자여서 곱하거나 나누면 무(無)가 되어버리는 성질을 지녔을까. 그것도 아니면 영(靈)처럼 보이지 않는, 그저 생의 주변부에서 빙빙 맴돌고 있는 혼에 불과할까.

고독을 말할 때 의문문을 취할 수밖에 없는 건 고독의 실체를 알 수 없어서다. 고독이란 물음으로부터 형태를 가진다. 고독에 혼을 불어넣고 모양을 만들 수 있는 건, 자신 주변에서 맴돌고 있는 고독에 관심을 가지고 질문을 던지는 자뿐이다.

일곱 개

 허리를 곧추세우지 않으면 등허리가 아픈 의자에 앉았다. 불편한 자세로 시집을 읽는다. 편함에 익숙해져 바른 자세마저 불편하게 다가온 것. 허리를 늘리고 어깨를 구부정하게 감았다. 불필요한 말들을 늘어놓고 문장을 구부렸던 어제. 말 등에 올라타 산을 바라보듯 시를 훑었던 과오. 때로는 불편할 때 편하게 다가오는 것들이 있다. 도착 안내 음성이 들려도 뛰지 않고 다음 지하철을 타는 것. KTX 대신 무궁화호를 타고 오랜 시간 창밖을 바라보는 것. 술집에서 흘러나오는 노래의 제목을 찾지 않고 멜로디를 흥얼거리는 것. 엘리베이터 대신 계단을 이용하고 잠시 숨을 고르는 것. 번거롭게 행한 것들로 인해 가벼워지는 것들이 있다. 구부정한 자세로 시집을 훑는 이보다 꼿꼿이 선 채로 스크린 도어 위의 시를 정독하는 사람이 좋다. 늘어놓는 자랑보다 자신을 꾸겨 넣은 글 한 줄이 좋다.

여덟 개

샴푸로 머리 감은 후에 린스 하기. 스킨이랑 로션 따로따로 바르기. 독서하며 스마트폰 확인하지 않기. 커피 주문하기 전에 미리 자리 잡지 않기. 캘리그래피 휙휙 갈겨쓰지 않기. 문장 띄엄띄엄 읽지 않기. 상대 말 끊지 않기. 뒷걸음치며 인사하지 않기. 커피 첫 한 모금 천천히 음미하기. 식사할 때 꼭꼭 씹어먹기. 하루에 물 1리터 이상 챙겨 마시기. 머리 말릴 때 서두르지 않고 뿌리까지 말리기. 아침에 일어나 스트레칭하기. 러닝 전에 몸 확실히 풀어주기. 약속 10분 전(최소)에 도착하기. 허겁지겁 버스에 올라타지 않기. 손수건, 향수 챙겨 다니기. 진부한, 익숙한, 타성에 젖은, 관성에 의한 표현 쓰지 않기. 의자에 드러눕듯 앉지 않기. 요가원 계단 오를 때 심호흡하기. 외출 후에 따뜻한 물로 씻고 머리카락 말리기. 잠들기 전 마사지 볼로 발바닥 꾹꾹 누르기.

작은 차이가 큰 결과를.

아홉 개

갑작스레 내리는 비에 안경알이 젖는다. 더 이상 볼 것이 없는 새벽이기에 안경을 벗어 티셔츠 목덜미에 꽂아 넣었다. 순간, 나의 근심 걱정도 쉽게 벗어 고이 접을 수 있다면, 마치 마스킹 테이프처럼 아무 상처 없이 떼어낼 수 있는 거라면 얼마나 좋을까 생각했다. 그것도 아니면 포스트잇처럼 어느 순간 나도 모르게 마음의 접착력이 떨어지는…….

열 개

　나를 끌어안는 거대한 고목. 그를 두 손으로 안을 수 없다 하여 내가 그를 미워할 수 있는가. 그가 내려준 그늘, 바람, 휴식…. 쉴 휴(休), 나무 그늘에서 사람이 머무는 모양새다. 그가 나를 감싸 안는 것인가, 내가 그대에게 기대어 있는 것인가. 초록이 무성해진 여름밤 아래, 거뭇해진 하늘 아래, 밝게 빛나는 가로등 아래 나는 무얼 그리워하는가. 이미 여름이 다가왔음을 아는데, 왜 봄을 뒤돌아보고 가을을 떠올리며 공연히 밤거리를 헤매고 있는 것인가. 사람은 그늘을 찾지만, 그늘은 사람을 기다리지 않는다.

꽉 찬 것은 부담스럽다. 잔을 가득 채운 소주는 어딘가 모르게 마시기가 싫다.

사랑받아 본 놈이 사랑 줄 줄도 안다. 나는 기다림이 익숙한 사람이라, 당신에게 기다림을 주었다.

언제부터인가 '화내기'보다 '체념하기'가 쉬워졌다.

비 오는 날 야외에 놓인 의자, 한입 베어 먹히고 버려진 사과.
나는 의자를 밖에 내놓은, 사과를 땅에 던진 사람이다.

우리는 모른다. 지금 하는 행동이 먼 훗날에 어떤 나를 만들지.

우리는 알고 있다. 지금 하는 행동이 먼 훗날에 어떤 나를 만들지.

오늘은 비가 내릴 듯하다가 오지 않았다. 올 것 같았던 것들은 매번 그랬다. 방심한 순간 느닷없이 소나기가 내렸다. 할 수 있는 일이라곤 착실히 젖는 일뿐이었다.

자칫하면 자기혐오에 빠질 수 있는 순간. 늘어나는 뱃살을 부여잡고 삶을 수정하기로 한다. 조금 더 뛰고 조금 덜 먹을 것. 조금 더 듣고 조금 덜 말할 것. 조금 더 읽고 조금 덜 볼 것. 조금 더 행동하고 조금 덜 걱정할 것.

"한 장이면 충분합니다."

우리네 마음도 한 장이면 충분합니다. 휘이 날리는 한 장의 종이 위로 검은 문장 몇 자를 적습니다. 쉬이 날리는 마음 위로 시라는 문진을 올려둡니다.

방에 물건을 들여다 놓으면 그 물건이 공간을 차지하는데, 마음에 사람을 들이면 되려 공허해지는 건 왜일까.

초록의 녹음 위로 석양이 진다. 때아닌 단풍이다.

열한 개

 글을 쓰고자 한다면 세상에서 가장 외로운 사람이 되어야 한다. 세상에서 가장 슬픈 사람이 되어야 하고 세상에서 가장 고독한 사람이 되어야 한다. 세상에서 가장 공허한 사람이 되어야 하며 세상에서 가장 아픈 사람이 되어야 한다. 뿐만 아니라 세상에서 가장 가슴 저린 이별을 겪은 사람이 되어야 하고 세상에서 가장 깊은 심연으로 내려앉은 사람이 되어야 한다.

 하지만 슬픔을 가장 잘 감추는 사람이어야 한다. 자신을 연민해선 안 되고 사랑이란 단어를 사용해서도 안 된다. 자신의 고독을 전시하거나 공허를 자랑으로 여겨도 안 된다. 아프지만 굳건해야 하고 작별했지만 여전히 사랑을 믿어야 한다. 글 속에 감정을 숨겨야 하지만 나 자신이 글 뒤에 숨어선 안 된다. 빛이 들어오지 않는 생의 기저일지라도 가슴 한구석에 여명을 간직해야 한다. 글로써 나를 드러내는 일은 하얀 종이 위에 하얀 글씨를 쓰듯 은밀해야 하는 것이다.

열두 개

요즘은 취향이랄 게 없다. 나에게도 취향이 있던, 말하자면 남의 시선에 덜 연연하던 시절이 있었다. 그때의 웃음은 순수했고 나다웠다. 사실 취향이 있던 시절은 모든 행동이 취향이었다. 옷 하나하나에도 취향이 깃들어 있었고, 여행지 선택에도 과도하다 싶을 만큼 취향이 담겨 있었다. 시간이 흘러 그 시절 취향은 지금의 일상으로 자리 잡게 되었다. 그러다가도 누군가 내 취향에 관해 물었을 때 쉽사리 대답하지 못했던 건 내 취향이 그들에게 어떤 모습으로 보일지 신경 썼기 때문이다. 취향을 가지기 시작했을 땐 취향을 뽐내고 싶어 안달이 났었는데 취향이란 게 익숙해지자 취향을 감추기에 급급했다.

《취향: 만들어진 끌림》, 군산의 마리서사에서 사 온 책이다. 이 책에서 말하길 취향은 몸에서 나온다고 한다. 취향은 몸에 배어 나온다고 한다. 취향이 자신을 지배하고, 자신이 취향을 지배한다. 며칠 전 군산으로 내려가는 길에 지인의 차를 얻어 탄 적이 있다. 라디오에선 처음 들어보는 인디 음악들이 흘러나왔고, 재생 목록창을 보고 나서야 처음 알게 된 이름도 많았다. 물론 지금은 기억나지 않는다. '좋아서하는밴드' 밖에는. 그날 저녁에도 어김없이 그의 차를 얻어 탔고, 다른 지인들도 동석하게 되었다. 뒷자리 사람들은 스피커에서 흘러나오는 인디 음악에 환호했다. 이 사람 목소리가 좋다느니, 이 가수는 이 노래가 제일 좋다느니, 요즘 자주 듣는 노래는 무엇이라느니, 자신들의 취향을 한껏 공유했다. 말없이 조수석에 앉아 전방을 주시하던 나는 왠지 모를 소외감을 느꼈다. 아아, 취향의 부재는 이렇게 사람을 분리시키는구나. 그대로 입이 굳어버렸다.

취향에 익숙해지고, 취향이 희미해지는 지금의 나에겐 누군가의 취향 나눔을 넉넉한 마음으로 받아들일 여유가 없었다. 편한 옷만 찾고 편한 여행만 가고 편한 사람만 만나는 나. 이대로 편한 것들만 찾다 불편한 인생을 살게 될까 봐 조금은 두려워졌다. 지난날의 순수하고 나다웠던 웃음이 아득하다. 오랜만에 핸드폰 연락처를 뒤져 잊고 살던 이에게 전화라도 걸어볼까. 가장 먼 곳으로 가는 버스표를 끊어 잃어버린 나를 찾아 훌쩍 떠나볼까. 괜스레 눈물이 글썽거리는 저녁, 웃음을 되찾고 싶어서라도 나는 내 취향을 찾으려 한다. 아니, 타인의 시선에서 벗어나려 한다.

열세 개

 혼자임을 전시하는 사람이 있다. 혼자는 혼자일 때 비로소 의미를 지닌다. 혼자임을 외로워하고 혼자임을 티 내고 싶어 하고 혼자임을 자랑하는 건 혼자인 자신을 미워한다는 뜻이나 진배없다.

 우리는 언제나 혼자이다. 혼자와 혼자가 모여 우리가 되는 것인데, 혼자임을 전시하는 사람에겐 나도, 우리도 없다. 이미 그는 혼자라는 사실을 액자에 걸어 광장에 걸어 놓았기 때문이다. 그렇기에 그 누구도 그에게 시선을 주지 않는다. 잠시 머물 뿐 오래 두지 않는다. 전시된 고독에 더 이상의 연민도, 그 이상의 관심도 없다.

 정오의 광장에 걸린 사진이 내 모습이진 않을까 항상 경계한다. 때문에 자정의 일기장에 나의 고단함을 잘게 채썰고 외로움을 곱게 간다. 그 형태를 알아볼 수 없을 때까지. 나만이 아는 언어로, 나만 아는 방식으로 내비치고 나서야 잠을 청한다. 새벽녘 영화관을 조용히 빠져나오는 한 사람처럼.

 드러난 고독은, 화면에 비친 적막은 어떤 의미를 지녔나.

넌지시 내보이고 누군가 알아주길 바라는 마음은 비겁하다. 불특정 다수에게 풀어내는 이야기엔 전연 흥미가 없다. 나는 비겁한 사람이 되고 싶지 않아 새벽을 초 단위로 나눈다. 다음 날 아침 눈을 떠 혼재한 마음을 주워 담는다.

열네 개

　묵호의 어느 장칼국수집. 어르신들의 구수한 욕이 오간다. 막걸리 하나, 소주 하나 달라는 큰 소리와 서로를 헐뜯는 험담이 오간다. 겉으로 보기에 그들은 소란스럽지만, 결코 시끄럽지 않다. 술은 네가 꺼내 먹으라는 친구의 핀잔에 터벅터벅 걸어와 소주병을 꺼내 갈 때면 주인장에게 선불로 천 원짜리 네 장을 건넨다. 그들은 복잡하지만 어떤 면에서는 깔끔하다. 나는 그런 이들에게 마음이 간다.

*

　눈물은 코와 눈 사이 어디쯤에서 차오른다. 코끝이 찡하고 미간이 좁혀지고 눈이 벌게지는 것은 그 때문이다. 댐이 조금씩 무너지는 느낌. 균열이 일어나는 느낌. 조금 조금씩 벌어지는 틈 사이로 흘러나오는 것, 그것이 눈물이다. 이렇게 쉽게 흘러내릴 거면서 오래도 참고 있었다. 이렇게 무기력하게 방류할 거면서 오래도 버티고 있었다.

아이스커피 잔에 스며든 물방울처럼 눈물이 맺혀선 안 된다. 내 눈물은 무너진 둑처럼 흘러내려야 한다. 맺혀서는 안 된다. 고작 몇 방울 글썽이기 위해 참고 버틴 것이 아니다. 창문에 비친 몇 줄기 볕에 눈물을 말린다. 샤워 후 촉촉해진 몸이 금세 마르듯 눈물이 사라진다. 날아간다. 언제 그랬냐는 듯 건조해진 눈으로 뻐끔뻐끔 허공을 응시한다. 뭍의 아가미처럼, 아스팔트 위 지렁이처럼 무미하게.

*

바다로 가는 길이다. 축축하고 짭짜름한 공기가 코를 간지럽힌다. 사실 바다는 아직 멀었다. 바다에서 잡은 물고기를 파는 활어판매센터 내음이 코를 찌른 것이고, 바다를 타고 날아온 바람에 머리칼이 휘날린 것이다.

*

친구에게 묵호에서 분위기 좋은 카페를 찾았다고 사진과 함께 메시지를 보낸다. 테이블 위의 소설책을 보았는지 여행 가서 책이나 읽는 녀석이라는 답변이 돌아온다. 이게 뭐 어때

서. 남은 페이지를 마저 완독하고 카페를 나선다. 자전거를 타고 동해안 종주를 할 때 들렸던 동네라 그런지 거리가 익숙하다. 지도 앱에 의지하지 않고, 노래도 듣지 않고 거릴 걸었다. 귀여운 폰트의 유치한 상호 간판들을 소리 내어 읽기도 했다.

저녁 식사로 점 찍어둔 생선 구이집을 지나 묵호 수변공원에 도착했다. 바다가 보였다. 흐릿한 하늘 아래에서 수평선은 더욱 희미했다. 하늘과 바다가 맞닿은 지점은 바다를 바라보는 내 마음처럼 모호했다. 방파제가 수놓은 바다. 방파제가 가로막은 바다. 기껏 바다를 보러 왔는데 바다와 나 사이엔 여러 겹의 테트라포드가 놓여있다. 바다를 보러 동해에 온 것은 아니지만 바다가 없었다면 묵호에 올 일은 없었기에 바다를 마주하고서도 별 감흥이 없는 내가 이상했다. 출렁이는 생 앞에서 이렇게 무던해도 되는 걸까.

방파제 길에 걸터앉아 이어폰을 꽂고 노래를 듣는다. 이어폰 줄을 타고 코다 라인의 'High Hopes'가 흘러온다. 정작 나는 큰 기대 없이 여행을 떠나왔다. 심심하기 위해 떠나왔다. 나 자신을 전시하지 않기 위해 멀리 왔다. 멀어짐으로부터 얻을 수 있는 게 있다고 생각했다. 사실 멀어질수록 가까워졌고 가까워질수록 멀어졌다. 푸른 바다 앞에서 벌건 피를 흘리는 나처럼 연회색 하늘 위로 연홍빛 노을이 내려앉고 있다. 한 방울 피가 천천히 양말을 적시듯 아주 천천히.

이제 무엇을 붉게 해볼까. 거리의 가로등이 하나둘 점등한다. 이제 무엇을 밝게 해볼까. 얼굴은 붉게 하고 정신은 밝게 하는 마성의 액체가 기다리고 있다. 생선 구이집으로 향할 시간이다. 앉은 몸을 일으켜 세워 묵호항 앞 '다이버 구이'로 발길을 옮긴다.

문을 열고 들어가자 주인아저씨는 오늘은 일찍 마감했다고 한다. 바다 앞에서 너무 여유를 부렸을까, 시간이 썰물처럼 휩쓸려 갔다. 어, 어, 그런가요, 당황한 기색을 감추지 못하고 미닫이문을 열고 나왔다. 나는 어디로 가야 하는가. 바다를 보고도 시큰둥했던 내게 건네는 복수 같았다. 고작 저녁 여덟 시가 지났을 무렵이었지만, 주변의 음식점들은 모두 문을 닫거나 닫는 중이었다. 저녁을 굶은 내게 자리를 내어줄 식당은 없었다. 묵호는 아무 잘못이 없다. 그들과 다르게 흐른 나의 시간이 잘못이라면 잘못이었다.

숙소로 돌아가기까진 걸어서 40분. 버스는 식당과 마찬가지로 이른 시간 운행을 마친 상태였고, 주변에 널브러져 있던 공유 전동 킥보드도 보이지 않았다. 내가 할 수 있는 일이라곤

걷는 일뿐. 숙소로 걸어가며 발견한 음식점으로 보이는 곳들은 대부분 소주와 맥주를 간판 전면에 내세운 술집이었다. 종종 불이 들어온 횟집을 발견하더라도 손님은 없고 주방을 정리하는 분주한 모습만 보였다. 그래도 동해까지 와서 해산물 한 번 못 먹고 돌아가는 건 억울하다 싶어 투다리나 치킨집에서 안주를 시켜 먹긴 싫었다.

터벅터벅 몇 개의 횡단보도를 지날 때쯤 대한민국이 어떤 민족인지 떠올랐다. 우리는 배달의 민족이 아니었던가. 묵고 있던 모텔로 주소지를 바꾸고 [돈가스/회/일식] 배너를 눌렀다. 광고비를 지불한 업체들이 최우선으로 노출되었다. 평소 같았으면 상단 노출된 업체를 의심하고 기피했겠지만 내겐 지체할 시간이 없다. 묵호의 시간은 나의 시간과 다르게 흘러갔기에.

횟집 하나를 골라 모듬회 1인 세트를 주문했다. 먹을 것이 생겼다는 안도감에 편의점에 들러 소주 한 병과 맥주 세 병을 샀다. 그리고 캔맥주 하나와 허한 속을 달래줄 치킨 한 조각까지. 술과 치킨은 봉지에 넣고 편의점을 나오며 캔맥주를 땄다. 작은 캔 하나가 숙소로 돌아가는 20분을 달래줄 터였다. 아무도 없는 묵호 길. 바다도, 묵호라는 도시도 내게 떠나온 이유를 알려주지 않았다. 묵묵부답을 고수하는 이 도시에서 들을 수 있는 답은 오직 내게서 찾아야 했다.

숙소에 돌아와 모텔방에 딸린 화장실에서 샤워를 마치고 나오는데 배달 음식이 도착했다고 문 두들기는 소리가 들렸다. 60분 후 도착이라던 배달이 금방 왔다. "네에, 감사합니다, 문 앞에 놔주세요." 들뜬 마음으로 길게 소리쳤다. 침대 옆 작은 테이블에 모둠회와 기본 찬을 펼쳐놓고 투명 플라스틱 뚜껑 위에 치킨 한 조각을 올려두었다.

*

묵호에서의 새벽. 축축한 기억이, 기름진 추억이 내게 감돈다. 나는 차단할 수 없는 장면을 마주한다. 애니메이션 같기도 하고, 꿈같기도 한….

*

무연고지인 이곳에서 나는 가방 하나 걸친 여행자이자 흔한 행인 1이 된다. 범인으로의 전락. 여행자의 배낭은 그의 감각을 말해주지만, 꼭 배낭의 크기가 그의 여행을 대변해 주진 않는다. 카페에 커피를 마시러 오는 사람이 있는가 하면, 연신 셔터를 누르며 인생 샷을 남기기 위해 애쓰는 사람도 있기 마런이니까. 이처럼 세상엔 다양한 종류의 여행자가 존재한다. 하루를 떠나도 며칠을 머물다 오는 사람처럼 짐을 챙길 수 있고, 평생을 떠나오더라도 손에 든 것이 일절 없을 수도 있다. 마치 우리가 세상에 첫발을 내디뎠을 때처럼.

*

어떤 커피는 묽어질수록 맛있다고 한다. 이름도 어려운, '콜롬비아 핀카 사마리아 럼 베럴 에이지드' 원두로 내린 아이스 핸드드립이 그러했다. 콜롬비아의 마우리시오 오소리오가 운영하는 고도 1,500m의 핀카 사마리아 농장에서 수확한 생두를 로스팅한 커피였고, 긴 이름의 원두로 내린 커피에선 럼주와 초콜릿 맛이 나고 체리와 자두 향이 났다. 그러니까, 산미 있는 원두를 추천해달라는 나의 말에 바리스타는 지구 반대편 콜롬비아에서 건너온 생두를 워시드, 럼 베럴 에이지드 가공법으로 볶아내고 추출한 이 아이스커피가 산미가 있을 뿐 아니라 얼음이 녹을수록, 심지어는 얼음이 녹아도 맛있다는 것이었다.

그간 마셔온, 기계적으로 뽑아낸 아이스 아메리카노는 얼음이 녹을수록 커피 향이 묽어졌고, 그 묽어진 커피는 대개 맛이 없었다. 그런데 묵호역 건너편에 위치한 '카페 성지'에서 마신 이름도 긴 이 커피는 색이 연해질수록 향이 깊어지고 맛도 진해졌다. 녹을수록 맛있는 커피라니. 한 시간이 지난 후에도 진한 향을 품고 있을 수 있다니. 커피의 향과 맛은 따뜻한 국화차로 입을 헹구고 첫 모금을 마실 때도 좋았고, 잠봉뵈르 크루아상을 먹고 마실 때도 좋았다. 긴 이름의 원두로 내린 커피는 조급해하지 않고 온도에 따라, 시간의 흐름에 따라 녹는 얼음을 자신으로 받아들였다. 나는 그저 철렁—하며 녹아내리는 얼음을 목도하며 함께 가슴을 쓸어내렸다. 내려앉은 가슴을 쓰다듬은 후 끝내 비워낸 유리잔에, 그리고 묵호에게 마지막 인사를 건넸다.

터미널로 향하는 택시 안에서 입맛을 다시며 입술을 훑는데 커피 향이 느껴졌다. 혀끝에 감도는 산미도 여전했다. 진짜는 제 모습이 사라져도 남아있었다. 향으로, 추억으로, 맛으로, 기쁨으로 주변을 맴돌았다. 이제 나는 수원으로 넘어가지만, 불현듯 코끝을 스칠 자두 내음을 기억한다. 기억함을 기억한다. 앞으로 동해를 떠올리면 왠지 콜롬비아 핀카로 시작하는 이름의 원두가 떠오를 것만 같다.

열다섯 개

버스 정류장으로 가는 길, 초등학교 앞을 지나간다. 사람들 어깨엔 하나같이 가방이 메여있다. 어릴수록 가방이 큼지막하고, 어른으로 보이는 사람일수록 그 크기가 작다. 커다란 백팩을 멘 학생 옆으로 토트백을 든 이가 지나간다. 나도 한때는 저들처럼 책가방을 메고 실내화 가방을 한 손에 든 채 등하교하던 날이 있었다.

지금의 나는 무엇을 이고 무엇을 짊어지고 있는가. 내 가슴을 가로지르는 크로스백 안에 든 건 고작 노트북 하나. 전자기기에 모든 책임을 전가하고 가벼워진 삶을 산다. 저들이 견뎌야 하는 무게는 과연 정당한가. 저들이 짊어져야 할 미래는 과연 마땅한가.

나와 같은 길을 걸어온 학생 한 명은 등허리가 휘어질 정도로 무거운 가방을 메고 스마트폰을 매만진다. 먼발치에서 버스를 기다리는 그의 모습을 지켜보는데, 왜 이 모든 상황이 어른의 책임인 것만 같은지.

마침 같은 버스를 탔고 그는 뒷문 열리는 자리에, 나는 맨 뒷자리에 앉았다. 걸으며 생각한 잡념도 잠시, 무릎에 가방을 내려놓고 의미 없이 엄지로 스마트폰 화면을 쓰다듬는다. 알아들을 수 없는 팝송을 들으며 내 의지와는 관계없이 굴러가는 바퀴에 몸을 맡긴다. 지하철역에서 내리기 위해 카드를 태그했을 때, 이미 그 학생은 자리에 없었다.

열여섯 개

 자괴감으로 똘똘 뭉친 글을 쓴 적이 있다. 누군가는 그 글을 좋아했다. 나는 난처하다 못해 부끄러워졌다. 내가 빗길에 넘어진 모습을 보고 좋아하는 모습이랄까, 내가 괴롭힘을 당하는 걸 보고도 아무런 손길을 내주지 않는 모습이랄까. 그렇지만 뭐랄까… 그래서 난 누구에게 어떤 손길을 내어주고 있는가, 하는 생각이 들었다. 엘리베이터를 타는 소년에게 열림 버튼을 눌러주는 내가 진정한 나일까. 소화전 앞에 쭈그려 앉아 오늘을 회상하는 내가 진실한 나일까. 울음으로도 희석되지 않는 사실이 있다. 그 사실에 때론 무릎을 꿇는다. 현실을 직시하지 못하던 난, 나를 째려보는 눈길에 주저앉고 마는 것이다. 나는 왜 그럴까, 난 왜 그런 인생일까. 내게 질문하던 것들은 언젠가부터 멀리하게 됐고, 그 사이 나도 모를 인연들이 들어찼다. 들어왔다기보단 들어찼다는 게 좀 더 적확한 표현이겠다. 작별에 관해 이야기하던 이에게 작별을 고하고, 이별을 등한시하던 이에게 이와 별에 대해 설파했다. 이는 어떤 한자를 쓰고, 별은 어떤 뜻인지에 대해서.

정자 앞에 앉아 흐르는 빗물을 바라보고 있다. 정자를 타고 흐르는 빗물은 똑똑 떨어지고, 대차게 이별을 고하는 빗물은 바닥에 툭툭 떨어진다. 같은 빗물임에도 그 성격과 성질이 달라 보이는 건 정자 안에 숨어 그를 몰래 훔쳐보고 있어서다. 바다에서 하늘로, 하늘에서 다시 땅으로 내려온 비를 보며 나는 나를 되돌아본다. 걸어온 길, 마셨던 술, 뱉어낸 말. 명확하지 않아 발자국을 되짚어갈 수 없음에, 한 번 취한 자는 또다시 취할 수 없음에, 꺼낸 말을 도로 돌릴 수 없음에. 나는 영원한 이별이다. 내게 안녕은 영원한 작별이다. 내가 때로 평소보다 느리게 발걸음을 떼는 건 둔중한 마음이 찾아와서다. 말하지 않아도, 아니 말하지 않아 쉬이 돌아서던 이들을 생각한다. 나는 늘 돌아선 등을 바라보던 이였고, 그 뒷모습을 언제나 사랑했다. 그해 여름도, 올해 여름도. 움푹 파였던 자리는 온데간데없지만 가슴 한 켠에 파인 자국은 어느 정도 볼륨감을 회복했다. 여름은 그런 계절이었고, 나는 작열하는 여름을 회복하는 데 몇 년을 할애하고 있다.

열일곱 개

10년 뒤 어떤 모습을 상상하냐는 물음을 받았다. 참으로 호기로운 질문이어서 마시던 커피를 내려놓았다. 한때 자주 자문했던 삶의 태도가 생경하게 다가왔고, 혼자서만 품은 줄 알았던 물음을 누군가의 입을 통해서 들었다는 게 신기했다. 아마도 저 사람은 나와 닮은 사람임이 분명해 보였다.

음…. 10년 뒤의 내 모습…. 이십 대 초반, 군대에서 홀로 새해를 맞이하며 그려보았던 모습이다. 군용 스프링 노트에 빼곡히 적어냈던 152가지의 버킷리스트. 서른을 맞이한 지금은 현실의 문제만을 취급하다 보니 미래의 내 모습 따윈 정말 '따위'로 치부하고 있다. '내일의 나'만 살피다 보니 '수년 뒤의 나'의 안부를 묻지도 못했다. 그렇게 '오늘의 나'조차도 잊고 살았다.

"저 자신에게 떳떳했으면 좋겠습니다."

오랜 세월 품어온 대답인 양 당당히 말했다.

떳떳해지고 싶었다. 사실 오늘도 부끄러운 민낯을 들킨 기분이었다. 면봉같이 우둔한 마음이 싫어 문장을 반으로 쪼갰던 어젯밤이 떠올랐다. 나무 이쑤시개가 아닌 녹두 이쑤시개로 검은 공간을 휘적거려야 했는데, 새벽을 찌른 문장은 뾰족했다. 각설탕의 거친 면이 혓바닥을 스치듯 나의 문장이 누군가에게 예상치 못한 상처가 될 수도 있지 않았을까.

그래, 떳떳해지고 싶었다. 너에게도, 나에게도. 그 시절의 나는 어떤 10년을 꿈꿨을까. 생각해 보면 당시에 허무맹랑하게만 보였던 목록에는 대부분 빨간 줄이 그어져 있다. 그때의 나는 생의 세목을 적어내고 지워내는 일에 자주 행복해했다. 삶을 잘게 나누는 행위를 즐겼던 지난날. 돌아보면 이뤄질 수 없다고 여겼던 것들을 많이도 경험했다. 그것들이 지금의 나를 만들어왔을 텐데…… 그러니까 나는 떳떳해지고 싶었다. 떵떵! 말고 떳떳.

열여덟 개

    카페에 앉아 독서를 하는데, 책을 멀리하자니 글자가 흐릿하고 책을 가까이하자니 목이 아파 가방 속에서 안경을 꺼냈다. 안경알에 묻은 얼룩을 지우기 위해 입김을 호 불었고 유리알이 뿌예졌다가 이내 투명해졌다. 손바닥에 대고 얇은 바람을 불어 보니 미지근한 기운이 감돈다. 투명한 알을 불투명하게 만들 정도의 온도는 되었는지, 그 미온으로 인해 안경이 수월하게 닦인다. 같은 결로 쓸어내린 유리알. 등을 토닥이듯 쓸어내린 손길에 아이가 트림을 내뱉듯 시야가 시원하다. 작은 입김이 유리를 깨끗이 하는 데 도움이 된다면 마음을 깨끗이 하는 데 필요한 미온은 어디서 공수해야 할까. 지워내는 일은 온도가 필요한 일. 너무 뜨겁거나, 너무 차가우면 안 되는 일.

열아홉 개

　선택은 후회를 동반하고 우리는 매 순간 선택한다. 인간의 삶이 후회로 점철되는 이유는 여기에 있다. 기회비용을 고려하고 몇 가지 안을 두고 비교하는 것, 서로를 재단하며 타인을 질투하는 것도 후회로부터 발현된 현상이다. 후회하며 술잔을 기울이고 다음 날 숙취에 허덕이며 기울인 술잔을 후회하는 것도 비슷한 맥락.

　후회가 후회를 부르는 지경에 이르러서야 후회가 부질없음을 깨닫는데, 쇼펜하우어가 말했듯 진정 소중한 것은 잃고 나서야 그 소중함을 아는 것이다. 꽃이 지고 나서야 봄이었음을 알지만 머지않아 다시 봄이 찾아온다는 불확실한 확신이 또 다른 오판을 불러일으킨다. 그 당시 최선이라고 믿었던 선택이 이내 후회를 데려오는 새벽을 맞이할 때면 순간순간 내리는 선택에 어떤 의미가 있나 싶다.

　결국 우리는 후회하기 위해 선택을 내리는지도 모른다. 하지만 때론 그 후회가 더 나은 삶을 살게 한다. 후회는 곧 잘하고 싶음의 동의어니까. 보다 나은 삶을 향한 발버둥이니까.

스무 개

　시절 인연이라는 말이 있다. 한 시절을 함께 났던 사람들이란 뜻이다. 나에게는 그 말이 지금은 연락하고 있지 않아도, 심지어 생사조차 확인할 수 없는 사이가 되었다 하더라도, 한 시절을 공유한 이들을 미워하지 말자는 의미로 다가왔다. 시간도 물처럼 흘러가는 것이라고, 위에서 아래로 내려가는 건 인간이 어찌할 수 없는 불가항력의 영역이라고. 그렇게 우리는 시절 인연을 넘어, 시절 이름 몇몇을 새기며 살아가고 있는지도 모른다. 초여름으로 들어서는 5월의 말, 작은 노트 위에 시절 이름 몇 자를 적었다. 시간에 마모되지 않는 순간들을.

인연의 가름끈도 덮어버린 책장 틈에서 굳어버린 듯하다. 책 사이에 끼워 둔 끈이 몇 페이지인지조차 까마득하다.

아침 하늘에서 아궁이 냄새가 난다. 새벽 내내 자주 깨었던 게 그 이유였을까.

단어를 알게 되면 지금 내 상태를 명명할 수 있을 거라 생각했다.

단어를 알게 되어 지금 내 모습을 그 안에 가두어 버렸다.

달리는 건 빈 아이스크림 통을 숟가락으로 파먹는 일 같아.

모퉁이의 벽이 투명했으면 좋겠어.

보통 잘 풀리지 않던 신발 끈이 풀렸다. 길에 멈춰 서서 풀린 신발 끈을 바라본다. 나는 지금 약간 위험한 상태다.

마음을 접는다. 무언가를 포기할 때 쓰는 표현. 그런데, 마음은 접을수록 부피가 두꺼워져서 눈에 자꾸 밟힌다. 나 여기 있다고, 나 이렇게 커졌다고, 나 아직 포기하지 말라고 말을 건다.

2시간짜리 영화를 제대로 즐기는 방법은 120분 동안 영화를 보는 것이다. 하루를 향유하는 법은 24시간을 충실히 보내는 것이다. 생을 영위하는 법은 자신의 명에 맞게끔 삶을 사는 것이다.

"서울에 재미 붙이지 못하고…."

2주 연속 신혼집에서 수원으로 내려온 누나에게 엄마는 작게 일갈한다.

당신은 어디에 재미를 붙이고 살아오셨나요. 지금은 어디에 재미를 붙이며 살고 있나요.

카메라에 담기지 않는 풍광이 있고, 글로써 적히지 않는 마음이 있다.

눈에 보이지 않는 내면을 바라본다는 건 자신을 탐구하고 관찰한다는 것. 때로는 집요하게 파고들고 끈질기게 당겨낼 것.

스물한 개

 언어 체계를 습득하지 못한 갓난아이의 꼬물거리는 입. 생후 18일이 된 조카를 안았을 때 꽤 큰 묵직함을 느꼈다. 책임감에 중량이 있다면 이 정도의 무게감이려나. 한 손으로는 아이의 머리를 받치고 한 팔로는 아이의 몸을 감싸 안았다. 아이는 생각보다 낯을 가리지 않는다. 갓 태어난 아이의 얼굴만 보고 성별을, 누구의 자식인지 완벽하게 구별할 수 없듯, 아이의 눈엔 자신을 바라보는 얼굴들이 모두 비슷한 형체들로 보일 수 있겠다. 평안해 보이던 아이는 얼마 지나지 않아 울음을 터트리려 한다. 안절부절못하는 나를 보고 매형은 "아빠가 안아줄게"라며 아이를 제 품으로 가져왔다. 아빠라니. 나도 아빠가 있고 그도 아빠가 있을 것이며 우리 모두 아빠가 있을 텐데 그 아빠라는 단어가 왜 그렇게 어색하게 느껴지던지. 작고 소중한 생명의 탄생으로 인해 텍스트에 불과했던 단어들이 무게를 가지기 시작한다.

스물두 개

 독립 출판 행사장에서 책 한 권을 구매하며 사은품으로 20페이지 남짓한 중철제본 무지 노트를 덤으로 받았다. 줄 없는 공책을 즐겨 사용하는 난 책만큼이나 노트가 마음에 들었다. 새하얀 공백 위에 그림을 그리거나 낙서하기에 좋을뿐더러 불현듯 떠오르는 문장을 방목하기에도 좋은, 생각의 울타리가 없는 공책을 한동안 가방에 넣고 다녔다. 오늘도 시집 한 권과 함께 공책을 챙겨 나왔고 시를 읽으며 떠오른 단상을 두서없이 적어낼 요량이었다. 카페에 자리를 잡고 앉아 독서 재료들을 꺼내는데 표지에 적힌 영문구가 눈에 들어왔다.

You can try here and write anything

 그래, 오늘도 빈 곳에 무엇이든 시도해 보고 어떤 것이든 적어내야지. 공책을 펴 순백의 페이지에 괜히 한 번 영문을 따라 적는데 이게 웬걸, 'try'가 아니라 'cry'였다. 종이 위에서 무엇이든 시도해 보자는 것이 아니라, 백지 위에선 얼마든지 울어도 된다는 것이었다. 그 문장을 되뇌자 지난 책에 적어낸 저자 소개 문구가 생각났다.

성인이 되어 얼마나 많은 새벽을 지새웠습니까. 그 시간 속에서 흰 얼굴에 투명한 눈물을 흘리는 대신, 흰 종이에 검은 문장을 흘렸습니다.

생각해 보면 나에게 있어 글쓰기란 그랬다. 시도와 도전이라기보단 흐느낌 혹은 울부짖음에 가까웠다. 눈물을 흘려도 풀리지 않는, 흐르고 마르는 과정에서 휘발되지 않는 감정의 잔재를 어딘가에 기록해야 했다. 고민과 방황 그리고 불안을 태우고 남은 눈물 자국으로 흔적을 남겨야만 했다. 통각에 단어를 입히고, 그 단어를 나열하여 문장으로 엮어내는 게 그동안 내가 해왔던 일이다. 그러니까 너는 이곳에서 마음껏 울어도 돼, 라는 마음을 조금은 알 것도 같았다. 눈가에 번진 마스카라, 손등에 번진 흑연, 시간에 지워진 밤하늘…. 흰 종이 위에 흘린 검은 눈물은 이렇게 또 하나의 글이 되었다.

"You can cry here and write anything."

스물세 개

나는 게워 내지 못하는 사람이다. 그렇게 많은 술을 마시고 그렇게 많은 숙취에 허덕였음에도 삼킨 술을 다시 뱉어내지 않는다.

7년 전 오타루 여행 중 같은 숙소에서 머물던 중국인들과 술자리를 가진 적이 있다. 대륙의 클래스를 몸소 느낀 그때를 생각하니 지금도 눈동자가 흔들린다. 지금보다 간이 활달하게 제 기능을 다하고 있었으나 아무렇지 않게 2리터짜리 일본 소주를 들이켜는 그들 앞에선 무용지물이었다. 그들과 나눈 술잔으로 거나하게 취한 나는 눈을 떴을 때 다다미방 이부자리에 널브러져 있었다.

다음 날 아침, 해장을 위해 오타루 시내로 나와 눈에 보이는 라멘집으로 무작정 들어갔다. 라멘 한 그릇을 시켰지만 정작 면은 몇 가락 들지 못하고 국물만 홀짝거렸다. 반 이상 남긴 채로 가게 밖을 나서 깨질 것 같은 머리를 안고 정처 없이 눈길을 걸었다. 그 당시 홋카이도는 백 년 만의 폭설이 내려 사방으로는 두부처럼 매끈한 눈이 허리춤까지 쌓여있었다.

지끈거리는 이마 양 끝을 잡고서 시간이 흘러가기만을 바라고 있는데 구역질이 났다. 인적 드문 골목으로 들어가 걸음을 멈췄다. 자연스레 고개를 떨궜고 헛구역질이 몇 번 나더니 신호가 왔다. 꺼이꺼이. 하얀 눈밭에 흔적을 남겼다. 등 두드려 주는 이 하나 없는 타지에서 모든 걸 게워 냈다. 일주일간의 여독을, 어젯밤의 술을, 젊은 날의 한 시절을.

게워 내는 데 소질이 없던 나는 여전히 속에 얹힌 음식도, 마음에 쌓아둔 감정도, 겸연쩍은 기억도 쉽게 밖으로 꺼내지 못한다. 인제 와서 뒤늦게 토로하듯 지난날의 토사물을 꺼내 놓는 건 부끄러운 기억이 아득한 추억으로 바뀌는 시기여서인지, 욕실 밖을 나설 때의 찬 기운에 오슬오슬 떠는 날이 돌아와서인지는 모르겠다.

스물네 개

    종이컵을 버릴 땐 항상 구겨 버린다. 캔 음료를 버릴 때도 항상 구겨 버린다. 구겨진 종이컵과 캔 사이로 흘러나오는 끈적한 액체처럼 구겨진 마음에 남아있는 감정이 틈 사이로 고인다.

*

    틈은 매번 쉽게 눈에 띈다. 건물 벽의 검은 틈을 바라보며 틈새 사이로 고개를 들이미는 햇살을 바라본다. 윗니와 아랫니 사이로 오가는 바람이며, 바위틈으로 흐르는 강물 같은 것들. 농구의 버저 비터는 경기 종료 직전 던진 공과 손의 틈으로부터 나온다. 축구에서의 환상적인 골도 대개 야신 존(Yashin Zone)이라 불리는 골키퍼 손가락 끝과 골대 사이의 미묘한 틈에서 탄생한다. 사람에게서 작은 틈은 웃음을 자아내기도 하고 긴장을 풀어주기도 한다. 틈으로 인해 기억하고 틈으로 인해 추억된다. 빈틈을 채우려고 하기보다 약간의 틈을 비워두는 편은 어떨까. 빈틈 대신 찬틈이라 불러보면 어떨까. 아무것도 없다고 믿었던 틈 사이를 가만히 들여다보면 보이는 것이 분명히 있다.

*

　무너진 마음은 무너지고 끝이 아니다. 무너지고 나서부터 무너진 마음의 진면모가 드러난다. 무너지는 건 한순간인데, 무너진 마음을 치우는 데 걸리는 시간과 노력은 하세월이다. 차라리 금 가고 틈 생겨도 위태롭게 형태를 유지하게 둘걸. 이 많은 찌꺼기를 어디에 어떻게 처리해야 할까. 잘게 부서지고 제멋대로 흐트러진 마음의 잔재들. 이 무거운 것을 가슴 한 켠에 간직하고 살아왔을 내가 가엽기도 하다. 무너진 마음과 무거운 마음의 잔재. 끝이라는 시작, 나는 오늘부터가 시작이다.

스물다섯 개

　제주 가는 날이다. 캐리어를 끌고 나와 앱으로 택시를 잡는다. 비가 와서 그런지 모호한 거리 때문인지 좀처럼 택시가 잡히질 않는다. 이럴 때 쓰라고 돈을 버는 거라며 모범택시를 불러본다. 5초 만에 잡히는 택시. 촉박한 공항버스 도착 시간에 비싼 값은 이미 다 했다.

　부슬비를 맞으며 캐리어를 트렁크에 밀어 넣고 흑표범처럼 매끈한 모범택시에 올라탄다. 하지만 말만 모범인지 얼마 되지도 않는 거리를 빙빙 돌아가는 택시. 몇 번이고 "경로를 이탈하였습니다. 새로운 길로 안내합니다."라는 안내 음성이 적막한 택시 안을 울린다. 기사는 제 발이 저린 듯 라마다 호텔 쪽에서 공항버스 타는 거 아니냐며 너스레를 떤다. 나는 지도를 한번 다시 보시라며, 예당마을 앞에서 타야 되니까 택시 잡았을 때 카카오 택시 앱에 찍힌 곳으로 가달라고 했다.

　내가 탄 '모범' 택시. 그렇다면 모범은 어떤 뜻을 지녔을까. 공항버스에 올라타 사전을 찾아본다.

모범

1. 모범(模範): 본받아 배울 만한 대상.
2. 모범(冒犯): 일부러 법을 어기는 말이나 행동을 함.

일반 택시에 비해 시설과 서비스가 좋아 요금이 비싸다는 모범택시. 나는 이 모범택시 기사에게서 무엇을 본받을 수 있을까. 모범택시 면허를 받기 위해 그가 인고한 시간? 검은 옷에 노란 모자를 쓴 택시의 멀끔한 외형? 자기 마음대로 임의 판단하며 길을 돌아가는, 눈에 뻔히 보이는 술수를 쓰는, 하물며 그것이 실수였다 치더라도 사과는커녕 능청스럽게 넘어가는 태도를 과연 모범이라 부를 수 있을까. 그는 승객에게 어떤 모범을 보이고 싶었을까.

스물여섯 개

　시집을 읽을 때 마음에 와닿는 문장에 밑줄을 긋기 위해 연필을 항상 테이블 위에 올려 둔다. 가슴을 간지럽히거나 마음 깊숙한 곳을 찌르는 문장을 만나면 연필 덮개를 벗겨 밑줄을 긋는다. 한 줄 혹은 여러 줄을. 그렇게 몇 번 밑줄을 긋고 나면 나를 살살 간지럽히고 쿡쿡 찌르는 문장을 만날 기대감으로 오른손에 연필을 쥔 채로 책장을 넘기곤 한다.
　하지만 한 손에 연필을 쥐고 있을 땐 그 어떤 문장에도 동하지 못했다. 언제든 사랑할 준비가 된 자에게 사랑은 진정한 사랑이 아니라 했던가. 누군가 내게 약간의 호의만 보이면 당장이라도 사랑에 빠질 사람처럼 시집을 대하고 있던 내게 시인은 시구 대신 김칫국 한 사발을 차려주었다.
　몇 번의 허탕 끝에, 여러 번의 경험을 통해 시집을 펼칠 땐 되려 여유로운 척을 한다. 너에게 쳐줄 밑줄은 단 한 줄도 없다는 듯 연필은 가방 안에 넣어둔 채 팔짱을 끼고 시를 읽기 시작한다. 그러다 보면 절로 팔짱이 풀리고, 가방 문을 여는 나를 발견한다.

시인은 나에게, 문장은 그렇게 마주하는 거라고, 사람은 그렇게 기다리는 거라고 말해주었다. 수십편의 시를 적어내기 위해 단어를 찾고, 상황을 기다리고, 사유를 인내하고, 사색을 마주하고, 고독을 감내해 본 사람만이 건넬 수 있는 위로이자 조언이었다. 평생을 거쳐 만들어 낼 시 한 편. 그 한 줄 한 줄은 기다림으로부터 탄생한다. 아직 나는 나의 문장을 만나지 못했다. 아직 나는 나의 글을 적어내지 못했다.

스물일곱 개

 차가 생겼다. 팔자에도 없던 차가 생긴 게 우연이라면 우연이지만 내게는 필연으로 다가온다. 내겐 9년 전 취득한 1종 운전 면허가 있지만 장롱 속에 고이 간직해 둔 애물단지나 다름없었다. 전역 후에 렌터카로 운전을 시도해 보고, 아빠 차를 끌고 할머니 댁을 몇 번 가보긴 했지만 그뿐이었다. 꾸준히 지속하지 않아 늘지 않는 게 있다면 운전 실력이 가장 대표적이지 않을까?

 그런 내게 차가 생겼다. 누나가 결혼하고 조카가 생기면서 준중형 세단보다 큰 SUV가 필요했고, 올봄 신차를 뽑게 되면서 그동안 끌던 차를 나에게 물려줬다. 그 무렵 제주 북페어를 참여하며 차를 빌려 운전했던 경험이 있는 나로서는 기세를 이어가기 좋은 기회였고, 마침 수원이 아닌 타지역에서 글쓰기 모임을 시작했던 터라 내게 찾아온 중고 아반떼는 우연이라기보다는 필연이었다는 생각을 하게 된 것이다.

 가까운 거리부터 먼 곳까지 차를 끌고 다니며 운전에 재미를 붙이기 시작했다. 그런데 운전대를 잡는 횟수가 많아질수록 재미는 줄어들고 요령이 늘기 시작했다. 가령 왼손 운전이라든지, 차선 변경이라든지, 그동안 무섭고 어려웠던 행동들이 익숙해지고 숙달됐다. 몇 달 안 되는 사이 대여섯 번의 장거리 운전을 했고, 그만큼 고속도로를 자주 이용하다 보니 속도를 높이는 것에 두렵지 않게 되었다. 시속 60킬로미터만 밟아도 덜덜 떨며 차선을 이탈했던 나는 이제 60킬로미터에 답답해하는 사람이 되어있었다. 사람이 속도에 적응하고 그 속도를 대하는 태도가 바뀌는 데는 한 계절도 채 걸리지 않았다.

 운전이 더는 두렵지 않고 식사할 때 숟가락을 들듯 핸들을 잡는 게 당연한 일이 되자 속도에 무감각해졌다. 조금이라도 느리게 가는 앞차에 답답함을 느끼게 되었고, 그로 인해 신호에 걸리기라도 하면 가슴께 안쪽에서부터 치미는 울화를 꾹꾹 누르며 운전하곤 했다. 그쯤 되니 신호를 지켜야 하는 도로에선 사람이 아무도 없다는 이유로, 속도 제한 구역이 아니라는 구실로 일반 국도에서도 속도를 높여 달리기 일쑤였다.

 어느 한 번은 지인과 함께 차를 타고 이동한 적이 있는데, 그는 내가 좌회전하거나 우회전할 때마다 조수석 창문 위의 손잡이를 잡았다. 평소 나의 운전 스타일과 실력에 대한 의구심을 행동으로 드러낸 것이었다. "아, 제가 너무 빨랐나요"라고 물어봤을 때 돌아온 대답은 "네, 조금 무서워요" 였다.

동승자에게 몇 번이고 그런 이야기를 듣고 나서는 왜 이렇게 급히 운전하고 있나 자문하게 되었는데, 이유를 몰랐다. 답을 내릴 수 없었다. 그냥 다들 그렇게 쌩쌩 달리니까. 내가 조금만 느리게 가도 뒤에서 눈치를 주는 것만 같으니까. 어린이 보호구역이나 내비게이션에서 알려주는 지점에서만 속도를 늦추면 됐으니까. 여기는 딱지를 떼지 않는 데라는 걸 알게 되었으니까. 이 거리는 달려도 되는 곳이라는 걸 반복된 학습을 통해 익히게 되었으니까. 빠른 속도에 의구심을 가지지 못하고 그저 관성에 의해 액셀을 밟았던 것이다.

빠른 삶에 취해 있던 어느 날, 친구와 함께 식사를 하고 카페로 이동하던 참이었다. 옆좌석의 그는 하루 일정이 피곤했는지 꾸벅꾸벅 졸고 있었다. 혹시 그가 깨진 않을까 하는 마음에 속도를 늦추고 신호에 걸렸을 땐 브레이크 페달을 최대한 조심히 밟았다. 천천히 액셀을 누르고 급하지 않게 브레이크를 밟자 코너링은 한결 부드러워졌고 차 안은 마치 요람처럼 고요했다. 자전거 바퀴를 천천히 굴렸을 때 주변 풍광이 눈에 더 잘 들어오듯, 속도를 늦추자 편안해하는 상대방을 마주할 수 있었다. 목적지에 도착해 친구를 깨웠을 땐 기지개를 켜며 안락함을 드러내곤 했다.

평소보다 아주 느리게 차를 몰았다고 생각했는데, 정작 도착한 시간은 급하게 달렸을 적과 크게 차이 나지 않았다. 사실 느려도 좋았다. 느려도 아무 일 일어나지 않았다. 빠르게 가는 것처럼 보이지만 결국 다다른 곳은 같았다. 다다른 시간마저. 느리게 가는 자동차에 경적을 울렸던 날은 가고, 조금은 느리게 가도 된다며 스스로 경종을 울리게 된 날이었다.

스물여덟 개

 지난가을, 메일링 서비스를 진행한 적이 있다. 9월의 주제어는 '어디로든'이었는데, 이 주제를 가지고 한 편의 글을 쓰기로 했을 때 처음으로 떠오른 문장은 "어디로든 떠나고 싶다."였다. 하지만 전송일 전날 밤까지도 빈 페이지에 깜빡이는 커서만 바라보며 한 자도 적어내지 못하고 있었다. 어디로든 떠날 수 있는 상태가 어떤 상태인지 전혀 가늠되지 않았기 때문이다. 떠나고 싶을 때 불쑥 떠날 수 있는 상태가 생경하게 다가왔다. 나는 지금 어디로 가고 있는 걸까.

 나는 지금 어디로 향하고 있을까. 침잠하고 있을까, 제자리를 맴돌고 있을까. 그것도 아니면 정처 없이 떠돌아다니고 있는 걸까. 우리는 어디로든 떠날 수 있는 존재이지만(우리는 머물기 위해 태어난 존재가 아닌 떠돌아다니기 위해 태어난 존재이다), 모두가 어디로든 떠날 수 있는 것은 아니다. 마음이 무거워 몸을 일으키기 벅찼다. 다리가 무거워 평소에 달리던 거리에 소홀했다. 지금 나는 '어느 곳으로도' 떠나지 못하는 상태이다.

무기력한 나날을 보내던 중 가을이 찾아왔다. 마음 무겁고 다리 무거워도 시간은 가벼우리만큼 빠르게 흘렀다. 바람을 타고 찾아온 가을이 창문을 넘어 방으로 들어왔다. 옷깃을 스치는 바람은 내 기억을 일순 아랫녘으로 끌고 내려갔다. 강변을 따라 누런 은행나무가 줄지어 서 있던 구례로, 하늘의 색을 그대로 비추듯 오렌지빛으로 물들고 있는 섬진강으로.

불현듯 떠오른 삼 년 전 섬진강 풍경이 반가우면서도, 가을바람이 불어오는 날 떠오르는 장소가 있다는 사실에 놀랐다. 선선한 바람이 불어와 잠들어 있던 정신을 일으켜 세웠다. 어깨높이 바람에 머리칼이 휘날리듯, 바닥을 스치는 바람에 낙엽이 흩날리듯 가을바람이 내게 작은 동요를 일으켰다. 나는 그 동요가 나쁘지 않았다. 과연 가을바람은 어떤 힘을 지녔기에 나를 그날의 섬진강으로 데려갈 수 있었을까. 가루약을 털어내고 단 사탕을 찾던 어린 시절처럼 쓰디쓴 삶이 찾아왔을 때 불현듯 생각나는 추억의 장소를 떠올려 본다.

당장이라도 가을바람을 타고 어디로든 떠나고 싶지만, 아무 곳으로 떠나고 싶진 않다. 가을엔 가을의 장소를, 겨울엔 겨울의 장소로 가고 싶다. 아쉽게도 봄과 여름의 기회는 놓쳤다. 그렇기에 올여름 다녀온 경주의 기억은 소중하다. 올여름

경주는 초록 그 자체였다. 경주의 초록은 조용하고 푸르렀다. 늪지대엔 힘 뺀 초록, 힘준 초록, 물 빠진 초록, 물 먹은 초록, 여러 초록이 존재했다. 초록은 생각보다 완벽에 가까운 색, 초록은 생각보다 자연에 가까운 색이었다. 고분의 역사 아래 피어난 개망초는 무덤 크기와 상관없이 피어난 태양이었고, 주황색 라바콘은 초록 경주에 내려앉은 석양이었다. 여름의 난 경주를 거닐며 성실하게 땀을 흘렸다.

선선한 가을바람이 불어오는 오늘, 문득 지난날의 섬진강이 떠오른 것처럼 눅눅한 여름 바람이 불어오는 날엔 올해의 경주가 떠오를 것이다. 그해에는 여름 바람을 타고 경주에 가고 싶겠지……. 창문을 타고 들어온 가을 덕에 나는 이제 막연히 어디로든 떠나고 싶은 사람이 아니다. 가을엔 저녁놀이 붉게 지는 섬진강으로, 늦겨울엔 우리만의 서늘한 방으로, 이른 봄엔 푸석한 선암사로, 땡볕 여름엔 끈적한 경주로 떠나고픈 사람이 되었다.

여전히 나는 방 안에 누워 지난 계절을 그리워하고 있지만 이 글을 읽는 당신은 '어디로든' 떠날 용기를 가진 사람이기를 바란다. 동시에 '아무 곳'으로 떠나지 않는 취향 가득한 사람이기를 소망한다. 특별한 여행지가 아니어도 좋다. 떠오르는 그곳이 여름비가 창문을 타고 흘러내리는 동네 책방이라면, 겨울날 뜨끈한 새우탕을 끓여 먹던 허름한 포장마차라면 더 좋겠다. 그곳은 우리네 삶에 한 발짝 더 가까이 있기에.

스물아홉 개

참는 것이 미덕이라 배웠다. 그 덕에 감정은 제때 표출하지 못하고, 생각을 선뜻 행동으로 옮기지 못하는 어른이 되었다. 그렇다고 인내나 끈기가 많아지지도 않았다. 참을 인 세 번을 세기라는 말은 내겐 어려운 일이다. 참을 인(忍)은 칼날 아래에 마음이 자리 잡은 형상이다. 칼이 목 앞까지 다가온 상황에서 그 누가 7획의 한자를, 그것도 세 번이나 새길 수 있겠는가. 참다못해 곪은 사람. 참다못해 터진 사람. 참다못해 참다랑어가 돼버린 사람이 나다.

다랑어 중에서도 가장 비싼, 많은 사람이 좋아하는 참다랑어처럼 참을성 많아 보이는 나는 주변인들로부터 퍽 인기가 좋았다(누군가는 날 애착 인형 삼기도 했다). 하지만 내가 본인들 생각과는 다르게 예민하고, 첫인상과 달리 제법 까칠하다는 것을 알게 되었을 때 멀어진 인연도 적지 않다. 그래도 참다랑어와 비슷한 점이 있다면 힘이 좋다는 것. 물리적인 힘 말고 자기 고집이 세다는 것이다.

황소고집, 똥고집을 부리며 응석받이로 커버린 나는 고집이 아집으로 바뀌어 스스로를 옭아매는 지경에 이르렀다. 내 뜻대로 상황이 나아지지 않는다는 사실을 깨닫고부터는 아집으로 관계의 망을 벗어날 수 없었고, 그때마다 내가 살아남기 위해 택한 방식은 역시 참는 것이었다. 손해를 봐도, 불의를 당해도, 기분이 상해도, 성적을 망쳐도, 심지어 누군가에게 귀싸대기를 맞아도 참았다. 그 아찔한 순간은 몇 년 전까지만 해도 꿈속에 나왔다. 학창 시절 내내 참으며 살아왔으니 성인이 되어서도 참는 인간이 되는 건 당연한 수순이었다.

대학 무리에서도, 군부대 안에서도, 사회에 나와서도 나라는 사람은 '잘 참는 사람'이었다. 달리 말하면 어디에 있어도 티가 나지 않는 사람, 무얼 시켜도 불평불만 하지 않는 사람, 사람들 사이에서 모나지 않은 사람, 특히 술자리에서 말이 없는 사람. 지금이라고 뭐 다를까 싶다. 표정을 감추고, 마음을 숨기고, 감정을 죽이고, 행동을 멈추고, 나를 지운다. 나는 나를 참지 않고 선뜻 내보이고 싶은데, 진짜 나를 받아줄 사람은 없는 것만 같아, 진짜 나였던 시절을 종종 그리워한다. 돌아갈 수 없는 그 시절을, 돌아갈 수 없는 그 품을.

서른 개

 세상의 에너지는 새로 생겨난 것이 아니라 우주 어딘가에서부터 온 것이라고 한다. 내가 느끼는 슬픔, 분노, 억울함, 답답함 또한 다른 세상 낯선 이로부터 온 것일까. 전생의 후회가, 후대의 눈물이 내게로 넘어온 걸까. 내가 하는 모든 것들이 새로 생겨난 것이 아니라 예로부터 있어 왔고 현재에도 존재하며 앞으로도 수없이 재탄생될 무언가라면, 지구가 급속도로 뜨거워지는 것도, 빙하가 와르르 무너지는 것도, 내가 써내는 글들도 모두 예견되어 왔고 반드시 일어날 일 중의 하나일 수도 있겠다는 상념에 빠진다. 우리는 어디에서 왔고, 다시 어디로, 왜, 가야 하는가.

감정을 과자 쏟듯 쏟아붓지 않는 것. 그것이 나의 1원칙이다.

엘리베이터 안에서 소주 냄새가 난다. 닫힘 버튼은 고장 난 상태.
누군가의 고단했던 하루를 들이마신다.

내 인생을 내가 책임져야 하듯 내가 써낸 문장도 내가 책임져야 한다. 나는 그 책임을 지고 싶어 늦은 새벽 내가 써낸 글을 오래도록 마주하고 있다. 묵독하며 불편한 구석을 찾는다. 삐걱거리는 문장을 그대로 두기도 하고, 기름칠하여 윤문하기도 한다.

51:49

불과 하나를 툭 떼어내 다른 쪽에 붙여놨을 뿐인데, 둘 사이엔 하나가 아닌 그 배의 간격이 생겼다.

세상은 복잡다단해져만 가는데 나를 둘러싼 세계는 점점 더 단순해지고 단조로워진다.

한바탕의 눈물로는 여전히 어려운 것들이 많다.

온종일 눈이 내린다. 눈은 계속해서 내려앉기로 작정한 걸까. 눈에게도 어떤 다짐 같은 것이 있었던 모양이다.

뭉근한 마음. 편의점에서 구매한 따뜻한 두유처럼 손에 쥘 정도의 온기를 지녀야 한다. 볼에 가져다 대어도 뜨겁지 않은 온도로 대화해야 한다.

초연결 시대는 곧 초단절 시대를 초래한다.

입추(立秋). 나는 나에게로 접어들고 있다.

서른한 개

 한 계절 목과 머리를 신세 진 베개의 베갯잇을 벗겼다. 하얀색 베갯잇 안으로 누런 속살이 드러났다. 베갯잇을 여러 번 갈아 끼우는 사이 누렇게 변해버린 베개. 땀의 색은 노란색, 침의 색은 노란색. 꿈의 색, 눈물의 색도 노란색. 새벽녘 신음이 새어 나가지 않도록 베개에 얼굴을 박고 눈물을 훔치는 사람이 있다. 가을이 오기도 전에 마음이 노랗게 물든다. 누렇게 젖는다.

서른두 개

어젯밤, 비에 젖은 우산을 소화전 앞에 펼쳐 두었다. 다음 날 아침 현관문을 열고 우산을 접으며 생각했다. 슬픔을 젖은 우산처럼 대해야겠다고. 아픔은 빗물처럼 대해야 한다고. 빗물에 흥건해진 우산을, 그것도 접은 채로 집에 들여놓으면 쿰쿰한 냄새가 난다. 물기 가득한 마음을 가지고 돌아온 밤, 찝찝한 내일을 피하고 싶다면 우산을 활짝 펴 놓아야 한다.

바깥에서의 슬픔을 안으로 들이지 않을 것.
아픔에게도 고독의 시간을 내어줄 것.

저마다의 자리에서 새벽을 보낸 후 눈을 뜬다. 어젯밤의 감정은 대부분 사라지고 없다. 우산은 비를 막아주지만 슬픔까지 막아주진 못하니, 쫄딱 젖은 마음을 털어내기 위해선 스스로의 노력이 필요하다. 우산을 벽에 탁탁 털어내거나, 여러 번 접었다 펴며 물기를 제거해야 한다. 슬픔이 스콜처럼 느닷없이 들이닥치는 요즈음 같은 날엔 젖은 우산과 젖은 하루는 문

밖에 잠시 내어두어도 좋겠다. 집으로 들이는 건 젖은 양말로 족하다.

서른세 개

길가에 버려진 것들, 그리고 남겨진 것들.
그게 내가 될 수 있단 생각에.

빨간 등산 장갑

버스 정류장 의자 위에 놓인 빨간색 장갑. 토요일 정오임을 미루어 보았을 때 아마도 등산객이 놓고 간 물건이겠다. 지금쯤 스틱을 잡는 두 손이 시릴 수도, 등산로 입구에서 장갑을 새로 샀을 수도 있다. 어쩌다 장갑을 의자에 놓고 간 걸까. 버스 카드를 꺼내기 위해 장갑을 잠시 내려놓았을 수도 있고, 통화를 하던 중 버스가 온 것을 확인하곤 정신없이 몸을 실었을 수도 있겠다. 한쪽이라도 챙겨갔으면 좋으련만, 장갑을 한 쪽만 끼는 건 또 무슨 의미가 있을까 싶다.

부서진 우산

가로수 아래로 우산이 버려져 있다. 거리에 대자로 늘어진 주취자처럼 무방비 상태로 낙엽 위에 포개져 있다. 은색 쇠꼬챙이는 몇 가닥 빠져있고, 투명한 비닐 사이로 그 모습이 훤히 들여다보인다.

검은 슬리퍼

 책방 앞에 한동안 머물러 있던 검은색 슬리퍼가 있다. 가을부터 계속 그 자리에 있던 조리 슬리퍼다. 실외에서 실내로 들어가기 위해 벗은 듯 가지런히 놓인 신발이었고, 아무리 봐도 멀쩡한 슬리퍼였기에 누군가 주인이 있을 것이라 예상했다. 하지만 겨울이 다 되어가는 지금까지도 여전히 그 자리에 남아있다. 맨발로만 신을 수 있는 슬리퍼와 찬 바람 부는 날씨가 오묘한 조화를 이룬다. 오랜만에 책방을 찾은 연말, 슬리퍼는 홀연히 사라지고 없었다.

투명 우산

버스 카드를 찍고 맨 뒷자리로 간다. 오른쪽 끝에 앉아 왼쪽 창문 너머를 바라보는 데, 손잡이에 걸린 투명 우산이 보인다. 승차할 땐 비가 내렸지만 하차할 땐 비가 내리지 않아 우산을 놓고 내린 걸까. 저녁엔 또다시 우천 예보가 있는데 그는 소낙비를 피할 수 있을까. 우산은 사람 손 대신 버스 좌석 손잡이를 꼭 잡고 있다. 비 오는 날 우산 없이 버스를 탄 사람은 저 주인 없는 우산을 보고 어떤 생각을 할까. 제 것인 양 우산을 챙겨 내릴까, 양심과 작은 다툼을 할까. 어쩌면 우산의 고향은 버스인지도 모른다.

갈색 책상

아파트와 아파트 사이를 이어주는 길목에 덩그러니 책상이 놓여 있다. 이 갈색 책상은 버려진 것도, 잃어버린 것도 아니다. 버려질 대상이다. 책상은 자신에게 주어진 유예기간을 담담히 받아들인다.

옥수수가 든 봉지

신논현행 광역버스를 타기 위해 사거리 버스 정류장으로 향했다. 정류장 의자 위의 연노랑 물체가 눈에 띈다. 비닐봉지 안으로 찐 옥수수 두 개가 담겨있다. 하나는 반으로 쪼개었는지 크기가 작다. 손주 녀석 배를 채우기 위한 옥수수였을까, 소풍 길에 챙겨 든 본인 간식이었을까. 말랑말랑했던 찐 옥수수 알이 딱딱하게 굳어간다. 먹다 남은 반쪽짜리 옥수수가 얼고 있다.

검은 우산

며칠 전부터 버려진 물건들을 목격하기 위해 주변을 둘러보기 시작했다. 또다시 우산이다. 이번엔 풋살장 그물망에 걸려있는 검은 우산. 주위를 둘러보면 주인 없는 우산을 곳곳에서 발견할 수 있다. 우리가 살면서 몇 개의 우산을 구매했을까 생각해 보면 비가 온 날만큼이나 많을 것이다. 며칠 전엔 이삿짐을 나르는 데, 우산을 꼭 챙겨달라는 부탁을 받았다. 누군가는 짐을 옮기며 "우산 정도는 본인이 챙겨야 하는 거 아니냐"고 나무랐지만, 지천에 버려진 우산을 자주 목격한 나는 다르게 생각했다. 그는 자신의 것을 지킬 줄 아는 사람이라고. 우산을 몇 번이고 잃어본 적이 있는 사람이라고.

노란 담뱃갑

꽁꽁 언 흙길 위에 버려진 노란색 담뱃갑. 버려진 담배꽁초는 많지만 멀쩡한 담배가 든 채 버려진 담뱃갑은 흔치 않다. 뜯어진 입구 사이로 흘러나온 담배 일곱 개비. 꼭 꼭지 뜯어진 바나나 같다. 머지않아 검게 변할 것들….

몬스테라 화분

제설함 옆에 누워있는 화분을 발견했다. 몬스테라가 담긴 화분이다. 분갈이하기가 지겨웠던 걸까, 인테리어와 맞지 않다고 판단했던 걸까. 쓰레기 버리는 곳도 아닌, 제설함 옆에 버린 저의는 무엇일까. 하얀 눈을 녹이는 염화칼슘이 초록 식물의 생명력을 앗아가는 것만 같다. 제아무리 싱그러운 화분일지라도 선뜻 거두어들일 수 없는 마음이 있다.

진회색 비니

  차도와 인도 사이에 설치된 안전 펜스 끝, 진회색 비니가 걸려있다. 술에 한껏 취해 집으로 걸어오던 겨울날이었다. 칼바람에 외투 후드를 뒤집어쓰고 오는 길, 펜스 기둥에 꽂힌 비니가 보였다. 나처럼 취한 사람이 이 길 위에 한 명 더 있었나. 민머리의 쇠기둥이 추워 보여 자기 모자를 벗어준 이는 어떤 사람일까. 시린 바람에 비니를 꺼내 들어 귀까지 뒤집어쓰고 싶었지만 쇠기둥을 걱정하던 이의 마음을 떠올리며 뻗은 손을 내려놓는다.

서른네 개

차를 타고 가다 보면 보도를 걸을 때와는 다른 표지판을 마주한다. 과속 금지 혹은 비보호 좌회전 같은 말들. 오늘 눈에 들어온 표지판은 '과적을 하지 맙시다'였다. 말 그대로 화물을 과도하게 적재하지 말라는 것. 화물차에서 쌓아 올린 물건이 떨어질 수 있으니 적정량을 적재하라는 것이었다. 그 표지판을 보는 데 왠지 마음이 서늘해진다. 나는 내 마음에 지나친 그리움을 적재하고 있진 않았는지, 과도한 후회를 안고 하루를 보내고 있진 않았는지 골몰하게 된 것이다.

너무 많은 것을 지니고 살아가는 이에게 삶은 무겁다. 너무 많은 것을 보고 살아가는 이의 시선은 둔하다. 생의 적재량이 늘어갈수록 미련해지는 나. 요즈음 러닝을 해도 좀처럼 속도가 붙지 않았던 게 이런 이유였을까. 예전만큼의 속도로 돌아가기 위해서는 무엇을 덜어내야 할까. 무엇을 털어내야 할까. 어쩌면 다시 그 속도로 달리지 못할 수도 있다. 그때의 나와 지금의 나는 속력도, 방향도 미묘하게 다르다. 아니, 확연히 다르다. 그러니까 나는 과거로 돌아갈 수 없다. 서른의 적재량에 맞는 새로운 속도감에 적응해야 한다.

가득 차 끝내 흘러넘치는 것들이 있다. 소주를 마실 때 가득 찬 잔은 왠지 마시기가 거북하다. 너무 많이 좋아한다는 이유로 집착하고, 집착을 사랑으로 착각한다. 너무 많이 맛있다는 이유로 과식하고, 그 먹부림으로 인해 몸은 점점 무거워진다. 과유불급, 정도를 지나침은 미치지 못함과 같다. 한발 물러나는 양보. 한발 물러서서 바라보는 시선. 조금은 미치지 못한 상태로 머물러보면 어떨까. 자신에게 여백을 허용해 보면 어떨까.

우리, 과적을 하지 맙시다.
마음을 과적하지 맙시다. 목소리를 과적하지 맙시다.

서른다섯 개

 중력에 의해 툭 떨어지는 것이 있고, 관성에 의해 턱 떨어지는 것이 있다. 툭이 저절로 떨어지는 것이라면, 턱은 의도를 가지고 손에 든 무언가를 던진 것이겠다. 그게 무엇이든 간에 툭 보다는 턱이 더 슬픈 법. 더 빠르게 떨어지는 법. 그래서 쉽게 허공을 가로지르고, 그래서 더 빨리 잊혀지는 법. 하고자 했던 일을 번복한다거나 사람을 끊어내는, 품이 많이 들어가는 일엔 원망이 가장 쉬운 방법이라고 했던가. 툭엔 어쩔 수 없음이 미량 포함되어 있지만, 턱엔 그 쉽다는 원망만이 가득하다.

서른여섯 개

 책을 읽기 위해 주점을 찾는다. 집에서 도보로 5분 거리에 있는 투다리다. 이곳은 소주를 시키면 오이를 내어주는데 그 원칙이 얼마나 철저하냐면, 병맥주나 생맥주를 시키면 절대로 오이를 내어주지 않는다. 생맥주 두 잔을 먹고서 다른 안주가 아닌 오이로 입가심을 하고 싶어 소주를 시킨 적도 몇 번 있다. 그렇게 소주를 달라고 말씀드리면 듬성듬성 썰어낸 오이를 초록색 술과 함께 내어준다. 초록은 동색이라는 듯이.

 오늘 안주는 닭가슴살 연골 꼬치다. 소주와 맥주를 하나씩 시켰고 당연히 오이가 따라 나왔다. 꼬치가 테이블 위에 놓였을 때 사장님께 간장 소스를 부탁했다. 꼬치를 들어 와사비를 살살 풀어낸 간장에 찍어 먹는다. 코끝에 경쾌한 맛이 풍긴다. 소맥 한 잔을 들이켜고, 오이를 고추장에 찍어 먹는다. 어째 이건 좀 묵직하다. 음, 꾸덕하고 둔한 맛이 혓바닥에 오래 감돈달까. 꼬치를 든 손이, 오이를 집은 손이 자꾸 간장 종지로 향한다. 아무래도 나이가 들수록 가벼운 것이 좋아진다. 오늘도 구석 자리에 앉아 술을 홀짝이며 가볍게 책장을 넘긴다.

서른일곱 개

저녁밥을 짓기 위해 쌀통의 쌀을 냄비에 부었다. 찬물을 틀고 쌀을 씻는다. 연무가 짙게 끼듯 물이 뿌옇게 변한다. 첫물을 버리고 다시 수돗물을 튼다. 서너 번 반복하자 쌀뜨물이 점점 투명해진다. 밥솥에 씻은 쌀을 넣고 손바닥이 잠길 정도로 자작하게 물을 채운다. 잠금장치를 돌리고 취사 버튼을 누른다. 쿠쿠의 음성이 흘러나온다.

자 이제, 26분 동안 무얼 해볼까.

오징어채와 시금치, 무말랭이와 갓김치. 냉장고에서 반찬을 꺼내 접시에 소분한다. 프라이팬을 달구고 식용유를 두른다. 냉장고에서 계란을 꺼내 벽 모서리에 톡톡 친다. 쌍란이다. 하나는 완숙으로 하나는 반숙으로 조리한다. 냄비 위의 동상이몽이다. 갖가지 반찬 옆으로 계란프라이 두 개를 옮겨 담는다. 마침 밥도 완성이다. 취사 완료 음성과 함께 잠금장치를 돌린다. 숟가락으로 휘휘 저어 밥알 사이사이의 열기를 내보낸다. 또 한 번의 안개가 눈 앞을 가린다.

밥을 안칠 때 일 인분의 양을 짓지 않는다. 오늘 먹을 만큼의 밥을 덜어내고 나머지는 플라스틱 용기에 담는다. 저녁밥을 지으면서 내일의 밥까지 담아내는 건 내일의 수고로움을 덜어내는 일이다. 유비무환의 자세로, 2분이면 데워낼 수 있는 밥을 마련해 두는 일은 숙취로 허덕일 새벽의 나를 위해 협탁 위에 자리끼를 올려두는 것과 크게 다르지 않다. 늦은 밤 정처 없이 거리를 걷기 위해 낮 동안 주변을 살펴보는 일처럼.

저녁밥을 지으면서 내일을 함께 짓는다. 26분이 흘렀다.

서른여덟 개

"남들 다 그렇게 살아."
나는 한껏 초라해진다.

여름이 되고부터 점박이가 돼버린 캘린더 앱. 떠나가고 다가오는 것들 사이에서 정신없단 핑계로 잃어버린 것들이 많다. 묵호 여행 마지막 날 시외버스에서 하차하며 자리에 놓고 내린 언커먼아이웨어 안경처럼. 그때 나는 짐칸에서 캐리어를 꺼내며 어렴풋이 느꼈었다. 무언가를 버스에 놓고 내렸단 걸. 단순히 여행을 끝마친 아쉬움이 아닌 어떤 물성을 가진 것이라는 걸 알면서도 버스를 떠나보냈다. 떠나간 버스는 돌아오지 않는다는 걸 알면서도 잡지 않았다. 유실물 보관소에 전화해 다시 찾을 수 있음에도 찾지 않았다.

그걸 왜 찾아야 하나, 떠나간 것은 떠나간 대로, 아픈 손가락은 아픈 손가락으로 내버려 둬야 한다고 믿었다. 그래야 떠나보냈다는 과오를, 떠나보낸 대상이 있었다는 사실을 잊을 수 있을 것 같았다. 내가 놓친 것이 아니라 보내준 것이라고 자위하며 눈물을 유예할 수 있을 것만 같았다. 그럴 수 없다는 걸 깨닫는 데는 일주일도 채 걸리지 않았지만 지나간 버스를 어찌 되돌릴 수 있을까. 신발장 하나 혼자 힘으로 들지 못하는 내가, 대체 무슨 수를 써서 크나큰 마음을 돌릴 수 있을까. 선택에 따른 후회를, 웃음 속에 기생하는 공허를 견딜 수밖에.

안경을 잃어버렸고 잠시 시야를 놓쳤다. 어느 날 안양천을 산책하다 수면에 비친 수양버들을 봤다. 냇물이 아무리 잔잔할지언정 나무를 그대로 비치진 못했다. 나무는 비추어짐으로써 자신을 잃었다. 안경을 고쳐 쓰고 콧잔등을 가볍게 누르는 압박을 다시금 느끼고 싶지만, 그런 마음을 품는다고 한들 잃어버린 것이 돌아오는 일은 없다. 안경 입장에선 시야가 아닌 생을 잃어버린 것일 테니, 삶을 저버린 주인 놈을 이해할 수 없을 것이다. 유실물도 아니고 분실물도 아닌 저를 견딜 수 없을 것이다. [20.10.05] 구매 일자가 적힌 안경집은 책상 한 켠에 덩그러니 놓여 있다. 날짜로 기억되는 것들. 나는 잃어버린 게 아니라 놓은 것이었다. 자주 놓아버리던 길이었다.

서른아홉 개

"그래도 너는 여행 다니고 부럽다."
나는 한껏 움츠러든다.

나는 나도 너도 부럽지 않아. 너는 나를 부럽다 말하지만 나 같은 삶을 원하지 않는다는 것도 알아. 버스 안을 헤집고 들어가 지하철에 서서 잠든 날이 선명해. 번호로 인식되는 얼굴과 직선으로 착각한 곡선에서 달아나 버린 꿈을 기억해. 그때의 난 꿈이 없었지만 꿈이 없다는 사실마저 망각한 시절을 보냈어. 다시 돌아갈 수 없게 착각에 착각을 거듭한 날들. 부러 걸어온 길을 잃어버린 밤들. 그런 마음이 들 때면 백지 위에 무언가를 끼적이곤 했는데, 안경을 잃어버린 나는 그 단어가 작고 검은 덩어리처럼 보여. 너는 지금 배부른 소리 하는 거야. 기름진 입술을 닦았어야 했다.

마흔 개

    나에게 불안하지 않은 삶이란 미지근해진 탄산수다. 밍밍해진 하루가 불안한 건 상온에 익숙해져 버린 탓이다. 내게 정수는 지루하고 진부하고 무료한 것에 불과하다. 마음이 커질수록 불안도 함께 커져 더 큰 마음을 갈구한다. 갈구한 마음은 재고 상태로 남는다. 언 발에 오줌 누기식 사랑이다. 조용한 탄산수를 딴다. 순간 부글부글 끓으며 뚜껑 밖으로 제 몸을 쏟아낸다. 누군가가 나를 건드리며 가면을 쓰지 말라고 종용한다면 미지근한 탄산수처럼 생각의 거품을 물고 속내를 퍼부을지도 모른다.

시간을 밀어낸다. 시간으로부터 물러난 삶을 꿈꾼다.

낮게 나는 새는 홀로 날고, 높이 나는 새는 무리 지어 난다.

삶은 본디 허하고 무하고 공한 것. 데려온 게 없으니 데려갈 것도 없는 것. 당신의 마음은 몇 번 접혀 있는가. 우리는 허무를 몇 번 나눠 먹는가.

소리가 사람을 묶는다. 세월이 사람에게 묻는다. 마땅히 사랑하고 적당히 사랑받을 자격은 누구에게 주어지는가. 슬픔은 사람을 멀리 보내고, 후회는 사람을 뒤로 되감는다.

종이 위에 펜으로 무언가를 적어내고 호, 불어내는 건 단어를 날려버리기 위함일까, 잉크가 잘 마르길 바라는 마음일까.

시계가 흔들린다고 시간이 흔들리지 않는데, 나는 왜 내가 휘청일 때 나의 세상도 함께 휘청일까.

지상의 것을 목표로 두면 쉬이 공허해진다. 내면을 잘 살필 수만 있다면 가난해도 떳떳할 것이고, 혼자라도 외롭지 않을 것이다. 나는 나의 가장 큰 벗이다.

눈앞으로 형형색색의 색종이처럼 여러 문양이 흩어지고 모이다 끝내 검정으로 변한다. 죽음에도 색이 있을까, 마지막에도 색이 있을까. 끝이 꼭 암흑이란 법은 없다. 사랑의 끝이 꼭 이별이란 법도 없다.

예술은 전쟁에 나가는 백만 대군을 보여주는 게 아니라 백만 대군 중 한 사람 한 사람의 속 사정을 보여주는 것이다. 그렇기에 예술은 동서고금을 막론하고 우리네 사이에서 끊임없이 탄생한다.

지금의 나는 여러 사건이 겹쳐 만들어 낸 결과물이다.

마흔한 개

1-3. 눈을 뜨고 마주했을 때부터 당신은 할머니였고, 가는 그날까지 할머니였기에 마지막으로 당신을 만졌을 땐 이름을 불렀습니다. 고사리손에 쥐여주던 천 원 몇 장을 떠올립니다. 남몰래 호주머니에 넣어주던 묵직한 동전 자루를 기억합니다. 가볍고 무거운 기억들… 이별은 어쩔 도리가 없기에 무섭습니다. 작별은 결심한 것이기에 두렵습니다. 영원한 헤어짐은 처음이라 무섭고 두렵습니다. 사진 속에서 미소 짓고 있는 당신을 보지 못하고 애써 외면합니다. 모두가 당신을 다른 이름으로 울부짖으며 찾고 있는데, 저는 그럴 수 없습니다. 그저 조용히 자리를 지킬 뿐입니다. 이젠 잊어버린 기억을 찾으러 가세요. 부디 소리 높여 노래 부르세요.

49. 미련은, 눈물은, 사람은, 멀어져가는 북소리와 함께 흘려보내야 한다. 하지만 당신만은 아주 오랫동안 세상을 울리다 가시길, 뭇 산에 머물다 가시길. 연기처럼, 들꽃처럼, 바람처럼.

마흔두 개

 겨울은 자발적 누수의 계절이다. 수도관 동파를 예방하려면 물을 아주 조금씩 아주 조금씩 흘려보내야 한다. 물의 흐름이 끊기지 않게 하는 것. 나 지금 계속해서 움직이고 있으니, 나 아직 살아 움직이고 있으니 얼지 말게 해달라고 아우성치는 것이다. 이를테면 뿌리 깊은 나무의 이파리가 찰랑거리는 것, 농땡이 치는 인부가 가벼운 물건이라도 드는 척하는 것, 초보운전 딱지를 달고 고속도로를 최저 속도로 달리는 것. 이거 다 계속해서 움직이고 있는 나를 알아봐달라는 것이다. 깨진 발톱에서 피가 흐른다. 내 몸이 어떻게든, 내 마음이 어찌됐든 살아보겠다고 발버둥 치고 있다.

마흔세 개

 몸에 안 좋은 행동을 하면 명을 끌어 쓴다고들 한다. 남의 논으로 들어갈 물을 내 논으로 끌어다 쓰는 것도 아니고, 내 명줄 내가 짧게 하겠다는 거, 그게 그렇게도 지탄을 받을 짓이 된다. 과정을 생략하고 시작한 관계는 당연하게도 언제든지 과정을 생략하고 콘센트 전원 버튼을 누르듯 종료할 수 있다. 그것은 도처에 핀 개망초가 들꽃이라 불리고 쉽게 꺾이는 것처럼, 수미상관의 법칙이었다. 혹자는 삶이 시소의 인생이 아닌 그네와 같은 인생이라고 하는데, 혼자선 시소를 탈 수 없고 혼자서 높게 그네를 탈 수 없는 법. 홀로 발돋움하다 홀로 멈춰 서야 하는 무조건적으로 외로운 생. 허허벌판에 덩그러니 놓인 대관람차 하나. 거대한 원을 그리며 허공을 휘젓는 저 기계는 하나로 충분하다.

마흔네 개

고민 김밥. 친구가 사진 한 장을 보내왔다. 김밥집 간판에서 '봉' 자만 불이 꺼진 사진이다. 저기서 일하는 사람은 고민을 말고 있는 거네, 나는 답했다.

김밥을 마는 이의 고민이 많았다면 김밥 속은 꽉꽉 들어차 옹골찬 김밥이 되었을 것. 말은 이의 고민이 적었다면 속이 부실한, 제값 못하는 김밥이 되었을 터. 그게 아니라면 속 재료가 과해 옆구리가 터졌을 수도, 속 재료가 과하지 않아 단단하게 말아낼 수 있어 한입에 먹기 편했을 수도. 부질없는 상상을 하다 문득 떠오른 건, 나의 고민으로 손수 말아낸 책이란 김밥은 당신에게 어떤 맛으로 가닿고 있을까 하는 것이다.

고개를 돌려 책장에 꽂혀있는 책들을 훑어본다. 나란히 꽂힌 형형색색의 민음사 세계 문학 전집은 화려한 김밥의 속 재료 같다. 라이너 마리아 릴케의 《말테의 수기》는 맛 좋은 햄. 알베르 카뮈의 《이방인》은 붉은 게맛살. 프리드리히 니체의 《차라투스트라는 이렇게 말했다》는 두툼한 달걀 지단. 밀란 쿤데라의 《참을 수 없는 존재의 가벼움》은 데친 시금치. 프랑

수아즈 사강의 《브람스를 좋아하세요...》는 채썬 당근. 헤르만 헤세의 《싯다르타》와 《나르치스와 골드문트》는 길게 손질된 우엉과 오이. 그리고 조지 오웰의 《1984》는 속 재료를 감싸주는 구운 김밥 김. 한 시대의 고민을 말아낸 대문호의 작품들은 고전이 되었고, 클래식의 소비기한은 무한대다.

    내가 말아낸 김밥은 어떤 맛일까. 그 김밥의 소비기한은 얼마나 될까. 다음 날 아침이면 폐기로 전락하는, 한입에 쉽게 털어내면 그만인 편의점 삼각김밥일까. 매끈하고 간편한 크기로 사람들에게 사랑받는 꼬마김밥일까. 속이 부실해도 좋고 속 재료 몇 개 빠져도 좋으니, 누군가 심도 있게 말아낸 김밥을 맛보고 싶다. 평생 하나의 음식을 먹어야 한다면, 나는 김밥을 택해야겠다.

마흔다섯 개

 자신의 실수를 남 탓으로 돌리는 것. 자신의 민망을 견디지 못해 타인의 치부를 들추는 것. 어릴 적 티브이 프로그램 속 폭탄 돌리기 하며 웃음 짓던 어른들의 모습을 이젠 면전에서 본다. 화면이야 리모컨을 들어 채널을 돌리거나 화면을 끄면 그만이지만, 현실에서는 돌연 자리를 뜨거나 눈을 감아버릴 수 없는 노릇.

 그 폭탄이 돌고 돌아 내 차례에서 터져버린다 한들 끝내 그 민망과 무안을 견뎌야 한다. 멸시의 시선은 마음의 멍에로 남는다. 지난날의 기억을 기름때처럼 씻어낼 수 없다. 피부 깊숙이 스며든 쇠 하나가 평생을 울린다.

 도피가 허락되지 않는 세상에서 내가 내릴 수 있는 선택은 무얼까. 이 또한 지나간다며 지나가는 차량을 바라보듯 넋을 놓을까. 무거워진 몸을 이기지 못해 낙화하는 이파리를 연민할까. 일정하게 바퀴를 굴리는 자전거 탄 사람을 보며 생이란 본래 지루하고 고루한 것이라며 자조와 회의를 품을까.

   사람들이 화를 내는 건, 정말 화가 나서가 아니라, 자신이 미처 숨기지 못한 속내를 들켰을 때이다.

마흔여섯 개

　후암동 오르소 에스프레소 바 창가 자리에 앉아 사람들 주위를 유유히 지나가는 비둘기를 바라본다. 우리는 그들의 비대해진 몸뚱어리를 닭둘기라 부르며 비하하지만, 그들은 제 몸을 바라보는 시선에 연연치 않는 것만 같다. 저 비둘기조차 인간을 아랑곳하지 않는데 나는 어떤 이유로, 무엇 때문에 타인의 시선에서 벗어나지 못하는 걸까. 내가 내리는 선택이 당당하다면, 내가 지나온 과정이 떳떳하다면 결과가 어떻든 상관없는 거 아닐까. 나를 바라보는 시선은 권고 사항이거나 필수 사항이 아니다. 자신의 길을 걸어가는 사람은 남의 조언을 귀담아듣지만, 그게 곧 기준이 되지는 않는다.

마흔일곱 개

　조용하게 자신의 세계를 구축해 나가는 사람이 좋다. 시끌벅적 떠드는 사람보다 묵묵히 눈앞의 것을 쌓아가는 사람. 나는 그런 사람에게 마음이 간다. 시끄럽게 떠벌린다고 나쁜 거 아니고, 잘못한 것도 역시 아니다. 하물며 오늘날의 세태에는 그런 사람들이 더 주목받는다. 떠들썩함 뒤의 고독은 찬양받는 법. 되려 조용한 사람이 한 번 화를 내면 급발진한다, 사람 변했다고 혀를 찬다. 근데 나는 그런 사람에게 마음이 간다. 조용하다고 정도가 덜한 게 아니고, 규모가 작은 것도 아니다. 조용하다는 건 한 발 한 발 내딛는 발걸음을 조심한다는 거다. 조용하고 조심히 자신의 것을 하나하나 쌓아 올리는 사람들. 나는 그런 이들에게 시선을 두고 싶다.

마흔여덟 개

 이제 막 돌이 된 조카는 무엇이든 집는다. 아무리 봐도 잡는다기보다 집는다에 가깝다. 내 손도 집고, 장난감도 집고, 애교를 부리며 할머니 마음도 집는다. 인형 뽑기처럼 기계적으로 집는다. 집고서 뜨거우면 놓고, 집고서 차가우면 놀라는 점에선 기계 같지 않다. 무작정 집는 조카 손에 시집을 쥐여줬다. 가벼운 시집을 거침없이 흔든다. 책등 끝을 잡고 있는 힘껏 들어 올린다. 시옷자가 된 시집에서 단어들이 후드득 떨어진다. 손차양, 눈보라, 바깥, 찬란, 무, 연보, 더듬더듬, ?, 오독, 헛소리, 멸, 통증……. 낙엽처럼 바닥을 수놓은 단어들을 긁어모은다. 단어의 엉성한 조합이 내게 시로 다가온다. 글이란 것도 단어를 잡는 게 아니라 집어야 하는 게 아니었을까. 사람 마음은 취할 수 있는 게 아니라, 잠시 건드릴 수밖에 없는 대상인 것처럼.

마흔아홉 개

　사람들에게는 저저마다 여름 드라마와 겨울 드라마가 있다. 도통 드라마를 챙겨보지 않는 나로서는 계절을 달래줄 인생 드라마가 없다. 음악과 사람에 대한 추억이 있을 뿐이다. 겨울 하면 떠오르는 노래와 여름 하면 생각나는 사람 말이다. 바람이 쌀쌀해질 무렵에 듣는 혁오의 "PAUL"은 괜스레 더 서글프다. 한 계절을 잘 맞이하고 잘 보내주어야 하는 이유는 당장의 소중함도 있지만 내후년의 나를 위해서다. 일종의 보험이자 모종의 투자. 하루 이틀 사이 16부작 드라마를 몰아치는 난 매주 드라마를 기다리는 설렘을 이해할 수 없다. 성급하게 이뤄낸 일이 그렇듯 스쳐 보낸 장면들은 오래 머물지 않는다. 그러니까 여름엔 조금 더 더워도 좋을 것 같고, 겨울엔 조금 더 얇게 입어도 좋을 것 같다. 봄엔 바닥에 쪼그려 앉아 꽃을 오래 바라보고, 가을엔 높아진 하늘을 오래 헤아려 봐야겠다. 그것이 훗날 나의 계절을 설명해 줄 것이며, 나의 층을 만들어 내줄 것이다.

쉰 개

유빙처럼 흘러 다니는 아인슈페너 속 하얀 크림. 입안으로 뭉게구름 한 점 뜯어 먹고 싶은 오후, 크림을 호로록 빨아들이며 생각한다. 구름은 구름인 이유가 있다. 구름. 사라지거나 혹은 흘러가거나, 그것도 아니면 모습을 바꿔 눈비가 되는 구름. 구름은 매 순간 변한다. 붙잡을 수 없다. 붙잡을 수 없어 바라보는 거라고, 바라볼 수 있는 건 좋은 거라고 하늘은 말한다. 그래서일까 구름 한 점 없는 날은 왠지 쓸쓸하다. 온통 푸른색의 하늘은 밋밋하기 그지없다. 공허한 마음 어찌하지 못하고 구름 몇 점 만들어 낸 하늘이나, 쓸쓸한 시간 어찌하지 못하고 문장 몇 줄 끄적이는 나나, 크게 다르지 않은 것만 같다. 허공에 문장 몇 줄을 새긴다. 그사이 구름이 한 뼘 이동해 있다. 펜을 내려놓는 나도 한 뼘 이동해 있다.

공허한 거리

우리는 공허를 채우며 나아간다

ⓒ 이택민, 2023

초판	1쇄 발행	2023년 12월 1일
초판	2쇄 발행	2025년 1월 14일
개정증보판	1쇄 발행	2025년 8월 18일

지은이	이택민
펴낸이	이택민
디자인	한지혜

펴낸곳	책편사
등록번호	제2020-000027호
이메일	chaekpyunsa@gmail.com
인스타그램	@chaekpyunsa

ISBN 979-11-989568-3-5 (13810)